U0716669

简浅 著

从跨界到专精

T型产品经理的自我修炼

人民邮电出版社

北京

图书在版编目（ＣＩＰ）数据

从跨界到专精：T型产品经理的自我修炼 ／ 简浅著
. -- 北京：人民邮电出版社，2017.12
ISBN 978-7-115-47115-4

Ⅰ. ①从… Ⅱ. ①简… Ⅲ. ①企业管理－产品管理
Ⅳ. ①F273.2

中国版本图书馆CIP数据核字(2017)第265450号

内 容 提 要

本书通过大量实际案例，深入介绍了互联网行业产品经理的现状，旨在站在市场角度
论述产品经理的成长，通过采访、描述展示产品经理们的生活现状和心理状态，给尚未成
为产品经理或刚刚步入此行业的新人们展现最真实的产品经理工作及生活面貌，预测行业
未来动向，激发新人们对该行业的兴趣。

◆ 著　　　简　浅

责任编辑　赵　轩
责任印制　焦志炜

◆ 人民邮电出版社出版发行　　北京市丰台区成寿寺路 11 号
邮编　100164　电子邮件　315@ptpress.com.cn
网址　http://www.ptpress.com.cn
大厂聚鑫印刷有限责任公司印刷

◆ 开本：720×960　1/16
印张：9.75
字数：190 千字　　　　　　　　　2017 年 12 月第 1 版
印数：1 – 4 000 册　　　　　　　　2017 年 12 月河北第 1 次印刷

定价：49.00 元

读者服务热线：(010)81055410　印装质量热线：(010)81055316
反盗版热线：(010)81055315
广告经营许可证：京东工商广登字 20170147 号

前言
PREFACE

在写这本书之前，我一直在思考一个问题：

究竟什么样的书，才能真正帮助一个人做好职业规划？

翻翻市面上已有的同类书籍，无论是写产品经理的，还是写程序员的，似乎都在聊"技术"，然而，那么多技术书，当真能起到作用吗？

有句话叫"买书如山倒，读书如抽丝"，买了那么多写技能的书，好似大多数都只看了个开头，再无读下去的动力。

所以，我一直以来都有一个观点：技能固然是最重要的，然而支撑我们去钻研技能的，反而不是教学本身，而是事件，事件背后的，则是兴趣。

另一方面，好似市面上从"招聘市场"角度来谈产品经理的书籍很少。

我们常忽略一个事实：决定一个岗位到底能不能存活很久的，不是个人，而是市场。

脱离市场因素去聊"如何成为一名高薪产品经理"，永远都只是纸上谈兵。

因此，这并不是一本"10天教会你如何成为高级产品经理"的书，你我都知道，关于技能本身，只有原理和实践，这需要耐心和毅力，而不是去读一些速成书。

所以，这究竟是一本怎样的书呢？

本书采用了非虚构文学的写法，在阐述技能之外，更多是讲述一个个产品经理们在招聘市场、职场生涯中的真实经历，书中的内容来自他们本身，来自他们的经历本身，来自他们做的事情本身。让你站在旁观者的角度，去真正了解产品经理这个岗位。

当你了解了产品经理的真实生活后，你才会去思考：我到底要不要成为一名产品经理。

这才是这本书想要传达的：告诉你产品经理的职场生活和心理状态，然后，由你来选择。

愿你在阅读之后，了解互联网行业，了解产品经理，也了解你自己，做一个从跨界到专精的 T 型产品经理。

前 言
PREFACE

目录
CONTENTS

第 1 章

你准备好成为一名产品经理了吗

"物极必反"这个词，向来都是有道理的。

不知从何时起，"产品经理可以改变世界"的观念广为流传，让不少圈外新人摩拳擦掌，跃跃欲试。

这也使得，近几年来，越来越多的人转行做产品经理，开口是"用户体验"，闭口是"大道至简"，问其做产品经理的原因，都将"改变世界"挂在了嘴边。说起缘由，竟是在各大新媒体、门户网站甚至 PR 通稿上，看见几篇使人热血沸腾的文章，就立志要成为产品经理的。

无论是不是互联网行业的优秀产品经理，其实都具备某一领域的专业技能。然而，国内的新人产品经理，却将产品经理视作砸开互联网领域大门的敲门砖，他们所理解的产品经理，无非是写文档、画原型、催进度，保持一颗满足用户需求的心，再喊几句"用户永远不知道自己想要什么"便可以为所欲为的一个岗位。

既不用懂代码，也不用会设计，更不用跑业务，还有着"经理"称号，并且平均薪水一度在招聘网站的薪资报告中显示排行第一，好像是一个绝佳的工作岗位。

身为新人的你，犯了以上毛病吗？

在告诉你如何成为一名产品经理前，你先回答我一个问题：你准备好成为一名产品经理了吗？

或者，回答我一个更实际的问题：

为什么现在的产品功能越多，反而越成为累赘？

中国互联网从业者仅几百万，使用互联网产品的用户却多达几亿人，毫不夸张地说：互联网行业正在颠覆国内无数人的生活方式。

我们生活中的点点滴滴都已经被互联网产品所渗透，吃穿住行，听音乐看电影，几乎每个生活细节，都能找到对应的互联网产品。打开这些互联网 APP 时，我们会发现市场留存率高的 APP 都有一个共同点——功能克制。

为什么功能越多的产品，反而越成为累赘？用户到底想要怎样的产品？

中国互联网行业刚刚结束野蛮生长，过去十年里，我们接触了太多"巨无霸"互联网产品，太多好端端的细分 APP，疯狂地增加功能，让我们不得不卸载它，这些糟糕的体验，往往都来源于一个新兴岗位——产品经理。

产品经理在中国互联网行业出现时间并不长，业内优秀的产品经理很少，在某一领域内深耕的优秀产品经理更少。新手产品经理常常会误解一件事：用户不就是想要能解决所有问题的产品吗？

用户想要的是精准解决他当前问题的产品。当用户想要打车时，他只想要快速下单让司机来接他，而不是让他耗费过多的精力去选择车型甚至司机星座；用户想要点外卖时，他只想尽可能找到便宜好吃的食物，而不是让他看一堆营养搭配方案。

产品经理会收集各式各样的用户需求，用来优化他自认为的"用户体验"。

"用户体验"是非常糟糕的一个词汇，"要理解用户的真正需求"更是一句非常糟糕的话。

很多人都可以揪着"用户体验"来说上几句，无关从业人员还是普通用户，产品中的任何问题都可以用"用户体验不佳"来总结。"用户需求"究竟是什么呢？我们都需要能解决我们问题的产品，"解决问题"成了"最大需求"，遗憾在于：需要解决的问题太多了，身为用户的我们甚至都不清楚还有什么问题需要解决。

当"要为用户解决的问题"多起来后，不少产品经理会误入歧途：功能越多越好，多一个功能，多解决一个问题。

业内死掉的互联网产品，大多都存在一个共同问题：页面满满当当，什么功能都有，令人眼花缭乱，翻了半天，实在搞不清楚这款产品最核心的功能是什么。

产品经理也许是去改变世界的，但绝不是来拯救世界的，不要指望你的一款产品能解决全世界的问题，"巨无霸全家福产品"永远会因过于累赘而不堪重负，最终轰然倒下。

那么，产品到底是什么，产品经理又是什么？产品经理的未来在哪里？

本书将从多个方面讲解产品经理的未来发展趋势：在某一细分领域下耕耘的产品经理，发展会越好。

你想好要做产品经理了吗？

产品经理是一项技术活，任何一门岗位，要做到极致，都要在自身的领域里不断深耕。对于大多数新手而言，找到适合自己的领域很难，想要看清方向更难。所以，在专精前，得先跨界，最后成为 T 型人才。

所谓 T 型人才，即把 "T" 拆开来看，"—" 代表知识面的广阔，"|" 代表专业水平的深度。既有广阔知识又有深度专业水平的人才，则是 T 型人才，这也是产品经理该具备的素养。

不过，还未成为产品经理的你，真的做好准备了吗？

口号喊出来，往往是惊天动地的。正值红利期时，人们满怀热血，认为下一个 "Apple" 或者 "Facebook" 很快便诞生在我们国度。

有个段子是这么说的，"走在中关村大街上，一个花盆砸下来，砸中十个人，九个都是 CEO"。除了 "全民创业" 热潮不减外，还有个口号也是热火朝天——"谁都能当产品经理。"

都说有需求才有交易市场，对于岗位来说，也是如此。当资本狂热时，程序员身价被一炒再炒，培训班便如雨后春笋般涌现，当众人眼红产品经理的收入时，便纷纷转行，试图分一杯羹。

行业平均水平便是这样被拉低的，优秀的程序员、产品经理永远是稀缺品，不断增多的入行者未必会让行业红火，反而可能让泡沫经济变得更灿烂夺目些，破碎得更快些。

谁都能成为产品经理？别将泡沫视作星辰。

产品经理现状：很火很赚钱？

关于互联网人才流动，我们始终逃不开一个词叫"职业规划"，在多年前，很多人的职业发展道路上是没有"产品经理"的计划，因为这个岗位在国内从出现到兴起，也才五六年的时间。

2010 年，《人人都是产品经理》一书开始畅销；2011 年，李开复发表微博，称"产品经理是 CEO 最好的'预科'"。"产品经理"的概念随即慢慢被世人所知。

国内率先开设产品经理岗位的公司是 BAT 等巨头，如今，产品经理已成了互联网公司的标配岗位。在互联网时代全面到来之后，产品经理的需求和薪资都实现了大幅度增长。

产品经理在中国，看起来像是"突然出现"的岗位，在资本狂热的助力下，互联网创业公司纷纷兴起，让产品经理的收入也水涨船高。

正因为产品经理的高关注度和高收入，让不少非互联网行业的人将产品经理视作踏入互联网行业的"转折岗位"，他们想当然地认为：不用会写代码，不用会做设计，谈谈用户体验，做做交互，就能被称为"经理"。

事实上，产品经理是一个高技术含量的岗位。

随着无数并不具备产品经理该具备的能力的人选择这个岗位，产品经理的门槛被不断拉低。时值资本寒冬，无数创业公司倒闭，很多"现象级泡沫"也随之破碎，而"突然出现"的"产品经理"，会不会找不到合适的职业发展道路，在未来的资本洗牌中变为"泡沫岗位"而转瞬即逝呢？

产品经理的岗位愈发泡沫化？产品经理的门槛在不断降低？

实际上，如前文提到，产品经理的专业门槛很高，优秀的产品经理依旧是少数的，且不可替代的。

那为何会造成这种情况呢？我对此展开了调查，采访了数名产品经理，综合众人观点，得出以下结论。

很多人认为：各个职位都能转产品经理，导致入门门槛变得很低。

我们先看一看产品经理的基本岗位职能要求。

产品经理要深度了解用户需求，根据公司发展方向确定开发哪类产品，并且决定技术手段以及商业模式。产品经理要担当起推动产品开发进度的职责，无论技术研发还是交互设计，市场营销还是市场运营，产品经理都要做出协调和策略，以保证产品的最终品质。

产品经理的岗位职能有着明确描述，每一项职能都对专业度有着极高要求，只是难以量化，导致很多对产品经理一知半解的人也纷纷转岗。技术在转，营销在转，运营、设计在转，且不说非互联网行业的人在转行产品经理了，实际上，似乎互联网各个职位都可以转产品经理。

当市场还未稳定，大量新人涌入，会不可避免地造成岗位门槛的降低。

"用户体验"是一个人人都能说上几句的词，但若要真正优化用户体验，绝不是靠挑毛病就能做到的。不是人人都能挑毛病就意味着人人都能优化用户体验，人人都是产品经理了。

产品经理不是只用来写文档、画原型的，更不是跟设计师吵界面怎么画、和程序员争为何功能和需求无法实现的。产品经理要注重用户体验是事实，可哪个岗位不需要注重用户体验呢？用户体验是个根本无法量化的词。

懂得搭建产品矩阵，认清行业趋势，用数据、专业度和案例事实去协调团队其他成员，保障项目准时完成，并且能让产品盈利的，才是真正的产品经理。但如今很多产品经理认为，我写好 PRD 就成，盈利或者数据是运营该背的任务，这是产品经理这个岗位目前最糟糕的现状。

随着产品经理的爆火，从业人员大量增加，互联网公司对产品经理的需求反而在不断降低。

造成产品经理需求降低的原因，主要有以下 3 个原因。

- **招聘市场逐渐冷静**

经过 6 年的发展，产品经理需要具备怎样的能力和素养，已经变得清晰起来，企业对产品经理的需求已经清晰，知道谁可以胜任，谁只是门外汉，方不会再饥不择食地挑人。

• 人才流动两级分化

随着招聘市场冷静下来，能力强、经验丰富的优秀产品会被猎头哄抢，进入大公司。目前也有不少应届毕业生和转行者涌入，他们在当下无法被已冷静的企业方所看中，只能去小公司。两级分化久了，会让市场稳定，随后，需求会降低。

• 市场竞争有增无减

越来越多的人愿意从事产品经理的工作也会让竞争更激烈，有竞争才有成长。门槛倒不一定会降低，供大于求只会让企业对产品经理的要求水涨船高。

不断有人涌入这个岗位，只会让市场竞争变得更加激烈，竞争激烈会逐渐导致市场饱和，随之造成需求减少。

那么，产品经理真的是"泡沫岗位"吗，未来这个岗位真的会消失吗？

"谁都可以当产品经理"的说法是泡沫，会被淘汰的是那些盲目进入这个岗位的跟风者。毕竟对于大多数公司而言，产品才是最核心的竞争力，产品经理的门槛会在红火之后被提高，这个岗位依旧有很大的发展空间。

谁都能当产品经理的时代不可能到来，想要做好产品经理，新手期的你需要注意以下 3 点。

（1）互联网产品会越来越垂直细分

在互联网刚刚兴起时，产品的细化程度并不如现在，往往是什么热门大家跟风做什么，随着互联网产品越来越细分，未来需要的会是更垂直的产品经理。

（2）用户需求越来越多，产品要做到"少即是多"

微信的功能非常多，可是它依旧做到了"少即是多"，不会因为功能的增加而显得臃肿，既满足了用户需求，又保持简洁，这不是每个产品经理能做到的，未来，仍需要产品经理满足用户更多更高的要求。

（3）产品经理不会只局限于互联网行业

"产品"这个概念，不止是"互联网产品"，任何一个行业都有自己的产品，当互联网行业和传统行业不再是对立面时，产品经理的路会越来越远。

产品经理仍有着很广的发展前景，线上产品与线下产品的逻辑截然不同，线上产品也会根据用户需求变得越来越细分，垂直领域的产品经理，会让该岗位的门槛再度提升。

泡沫不会是星辰，"谁都能当产品经理"的概念将会终结，而产品经理，仍会是不可或缺的重要岗位。

对于刚入行的产品经理来说，首先要思考的，并不是去做一个改变世界的产品，而是要想清楚，哪些体验让用户感觉是负分。

新人产品经理首要思考的问题：完善自身的知识体系，优化现存问题的体验。

未来产品经理的必然发展趋势是：细分领域。

过去 10 年，是中国互联网行业的"野蛮生长"时期，如今行业格局已渐渐成型，开始不断细分，细分所带来的，是更加专业与精致。从无知到理解，是新人产品经理从成长期到成熟期的转变之路，也是真正摸清用户需求，并且给予用户自己也想不到的良好体验需求的时期。

从粗糙到初步成型，并不是从无到有，只是将用户已经在用的东西变得比他们想象得"好用一点"。产品经理在未来，势必担当着更重要的角色，找准自己的细分领域，在该领域细心耕耘，才是真正的从无到有。从有到优，产品经理不再被需求牵着鼻子走，才是真正的创造。

国外扎克伯格的"facebook"，国内张小龙的"微信"，让很多新人产品经理觉得：产品经理是来改变世界的，必须要做一款足以颠覆人们概念的产品。

"改变世界"到底是什么呢？

其实，解决掉一个用户烦恼的问题，就是在改变世界。新人产品经理要清楚，"产品经理"四个字，重要的是"产品"，不是"经理"。

第 2 章

产品经理不是来改变世界的

用户不需要那么多改变世界的英雄，用户只期待好好做事的人。

对于刚入行的产品经理来说，首先要思考的，并不是如何去做一个改变世界的产品，而是想清楚，哪些体验让用户感觉是负分？

新人产品经理首要思考的问题是：完善自身的知识体系，优化现存问题的体验。

因此，新人们产品经理首先应考虑这个问题：你为什么要做产品经理？

或者，换一个问题：产品经理到底是做什么的？

千万不要用同一个答案回答这两个问题，你不可以答：产品经理是改变世界的，所以我要做产品经理。

请记住，本书将贯彻这个观点：产品经理是脚踏实地去解决问题的岗位，产品经理看似无技术门槛，实则门槛极高，未来产品经理的发展趋势必然为：细分领域专精者得天下。

2.1 新人产品经理的毛病

忘掉"产品经理改变世界"这句话吧，这更像是自吹自擂的口号，一场浮躁的狂欢。

我们身处互联网时代，而互联网行业确确实实在改变这个世界，而其中的每个岗位，都有可能对改变世界起到关键作用。然而，99% 的人都只是炮灰。

正所谓"一屋不扫何以扫天下"，不具备基本专业素养的人，只能当炮灰，无法改变世界。回到大部分产品经理的日常工作内容，其实能改变的，仅是用户使用产品时的体验，若一味只顾自己的感受，你所带来的，只会是越来越差的用户体验。

这便是新人产品经理的普遍毛病：过分骄傲。

我常常能在 HR 口中听见，他们在招聘时，遇见了太多"自学成才"的"天才产品经理"。案例无非是在入行之前，这些"天才"是非互联网行业的，大学读的也是听起来与"产品经理"毫无关联的专业，最后来到互联网行业，从产品助理做起，一步步成为产品经理。

这类案例似乎太多了，听上去，更像是嘲讽产品经理谁都能做，而产品经理新人，更是优越感十足。

这种态度是非常危险的。首先，骄傲的新人产品经理们，站在所谓"高于用户的视角"去看待问题，仿佛自己是德高望重的领袖。另一方面，由于大环境的影响，逼迫他们不断学习，达到精进，在吸收知识的过程中，新人们产生了一种"我其实很谦虚很好学"的错觉。

其次，骄傲态度的危险性还在于：人类是多维度物种，拥有多重身份，骄傲态度会让新人们在潜意识中把自己划分为"单一身份"的人。当人类产生骄傲、疑惑、懒惰的情绪时，就会单一划分自己，慢慢地，视野就会越来越狭隘，更容易与外界产生冲突，在这种前提下，自然是做不到新人们所谓的"高于用户视角"。

本书更倡导产品经理不要总暗示自己是"单一人才"，而是要告知自己是"T型人才"，才能做到真正的从跨界到专精。不是说跨界、非科班就一定是失败的，而是说要戒掉新人产品经理的毛病，才能真正成长，关于跨界的案例，我们将会在后面章节细谈。

新人产品经理的第二个毛病则是：真把自己当经理了。

请牢记一句话，要做产品，不做经理。很多人看见乔布斯的独断、专行、爱骂人后，又得知他自称产品经理，结果只学到了他的臭脾气，却没学到他的本领，新人产品经理过分自信，常以为自己可以号令天下，恨不得程序员、设计师、运营、营销通通听他的安排。

新人产品经理们如果总幻想能成为"浪漫主义"的领导，爱将"人格""偏执""艺术""情怀""冒险"等大词挂在嘴边，就会忘记自己并不具备这些素质，在实际工作过程中，与对接同事产生冲突时，从而感到落差。

2.2 该怎样去做一名新人产品经理

上一节，列举了新人产品经理们的最大毛病，在根除"产品经理改变世界"的歪曲观念和戒除"骄傲与高高在上"的态度后，本节我们聚焦于：该怎么去做一名新人产品经理。

在说明"如何去做"前，先说一个有趣的现象，那就是：与新人产品经理的情绪高涨相对比，老人们的态度更值得玩味：他们之中朝着这一条路"走到黑"的人是少数，有些产品经理，往上游而去，职场路变为供应方，有人则游向下游，改做渠道。又因为产品经理是什么都要懂一点，不少老人，改做运营或设计，甚至成为程序员。

老人们选择"急流勇退"，会让人反思：难道这是一门只能吃青春饭的岗位？

当然不是。在产品经理这个岗位多年野蛮生长后，总算迎来洗牌阶段，不少趁着红利期通过短期培训而闯入的产品经理，渐渐无法适应对细分领域有着更高专业要求的时代，要么在寒冬中被淘汰，要么主动离开。

关于"寒冬""裁员"的话题，我们会在后面的章节里详细举例说明。

唯有成为 T 型人才，在细分领域不断深耕经营，才能成为一名合格的产品经理，才能在中国互联网时代站稳脚跟。

产品经理的基本工作内容

本书内容针对想入行的新人产品经理。所以，首先，要改变你对产品经理的误解，其次，要你戒掉新人产品经理的普遍毛病，然后再到告诉你产品经理要做什么。

产品经理的基本工作内容，不是外界传闻的"画 PRD、写需求文档、和用户聊天、跟同事吵架"，而是"收集信息、提交方案、多方沟通"这三点。

掌握基础后，才能朝着细分领域发展，有了广度后，再去挖掘深度。

第一，收集信息。

不少还是新人的产品经理，对收集信息这一概念有着极大误解。他们自认为所谓的信息来源就是和用户聊聊天，轻轻松松从用户那儿询问便可以获得信息，再整理用户们的建议，选出名列前茅的问题，然后解决它，就是满足了用户需求。

大错特错！如果产品经理的信息源仅仅是用户，那么，永远也无法达成所谓的满足需求。除了用户外，还需从上级、技术、设计、运营、营销、销售等多维度找寻信息，按照特定流程，过滤、选择、整理、归纳，才能整合为有信息量、可读性强的信息。

只有这样处理信息源，才叫做收集信息。最终获得的信息，用途有两个：一是正确反映现状，二是为最终决策起到辅助作用。

第二，提交方案。

此环节也是新人产品经理存在误区的地方，不少人以为，上交方案的重点是"上交"——把收集并整理后的信息源上交后，便可高枕无忧。

其实不然——上交方案，重要的是"方案"，如果信息源不做处理，依旧是没有用途的。产品经理，在该环节，需要对整合到最终信息源进行反复分析，不断解读，得出深度结论，然后结合现实情况以及可调控预算，衡量得失，稳定各部门的投入、消耗与产出、成果，梳理出最佳方案来。

这个方案，必须是具备可实施性、可操作性、可优化性的，并能迅速解决现有的问题，并且无论是短期需求还是长期发展，此方案都可应对。

第三，跨部门沟通与协调。

产品经理不是经理，面对其他部门时，产品经理担当的角色不是指挥者，而是协调者。

常有新人产品经理认为自己的工作职责是战略部署，是顶端规划，至于其他部门的工作人员如技术、设计、运营、市场、销售，做的都是填充性工作，完成细枝末节罢了。

然而，事情并非这样。残忍的现实是：产品需要你时，你必须什么都会，什么岗位都担当，大部分时间内，在其他人眼里，产品经理什么都不是，什么也不会，不少新人在洋洋自得和趾高气扬时，忘却了职场斗争和国内职业现状，把时间消耗在与其他部门争吵不休上，从而在自嗨中既无法专精，也无法跨界，更别谈做个复合型人才了。

你要知道的是：没有程序员，所有需求都是无从谈起的，没有 UI 和平面，交互和美观的体验都会是极差的，没有市场部，产品就难以被人认可并使用，没有运营，用户也无法留存。

所以，在提交方案后，依旧不可掉以轻心，自我修炼的环节才刚刚开始，硬实力让你的产品得以生存，软实力则让你的产品发扬光大。在该环节你要做的是：与各部门的各工作人员耐心沟通，协调好他们之间的关系，达成你的目的。

倘若其他部门间因你的需求产生意见不合，你也不可袖手旁观，千万不要认为麻烦没找到你就随便他们互相之间发生争执。要知道，争执的结果是拖延，最终影响的是你的进度。

身为产品经理，你要思索的不仅仅是手头上的 KPI。其实，其他部门的指标也是你的指标：设计美、交互强、增速快、留存高、盈利明显……这些看似与你无关的 KPI，都是你的 KPI。

可以这么说：成为 T 型产品经理，成为团队中举足轻重的灵魂人物，都不能只盯着眼前的几亩地。既然是"产品经理"，那么，就要对"产品"负责，所以，产品的最终形态以及衍生物，都是你的职责范围。

那么，你要怎么做呢？

你已经清楚了，产品经理是一个几乎与所有部门都要交集的岗位。只有做到和所有部门配合，注意，是你配合他们，而不是他们配合你，沟通好所有需求，协调好所有关系，才可以最终完成任务。

你要在沟通中，把上交的方案落地，并按照时间节点以及实际情况（例如人员、预算等不可控因素）把任务合理细化，一一拆解，下达到各个部门，且不断跟进，每日整理问题，每日复盘，以不变应万变，化解问题，达成需求，最终让你的产品从一纸原型变为设想形态。

2.3　产品经理能学到的软技能

在讲软技能前，先谈谈"自嗨"的问题。

新人产品经理的优点是热情洋溢和精力旺盛，所带来的问题便是：分不清生活与工作，容易陷入自嗨状态。

所以，在上一节的沟通环节，会让常常沉浸于自嗨状态的产品经理悲痛之情油然而生：本应风风光光当个布署者，未料最终连个执行者都算不上，简直像一个跑腿的！心态从"自大式自嗨"转变"内心戏过多式自嗨"。

很多产品经理认为，在日常工作中花在沟通的时间未免太多，细琐、繁杂，会让自己不够"专精"。其实恰恰相反，这个部分，是产品经理在自我修炼中的快速提升环节，在跟无数不同岗位同事对接的过程中，是会在无形中让多方面素质得到历练，沟通和交流中的收获，是会让你的职场生涯终生受益的，并且，会影响到你的思维、生活方式，最后使整个人都为之升华。

理由如下：

第一，经验告诉我们，想要彻底掌握一门知识，最好的方式便是讲给别人听，如果还能够去教别人更是再好不过了。

这也是为什么好学生从来不吝啬给别人讲题目、分享经验，因为，执行和讲解是两回事。执行，可以依葫芦画瓢，按照先人的经验、教诲甚至模版去做就好；而讲解，必须要彻底掌握知识体系，先吸收，再归纳总结，然后分解，最后形成框架并一一说明。

一次次讲解的过程，会让你对知识框架烂熟于心，也会让你不断思考，从而成为行家，进而产生创新，在执行中会变得更得心应手，甚至避开以往的错误，达到最优解。

那么，产品经理在与多个部门对接、沟通时，虽然并不能等同于教导，但已经与讲解较为接近——用专业知识去说服他人接受你的理念，也是种讲解。在这个沟通、交流、说服的过程中，你需要一遍遍阐述你的想法、思路和知识，每一次讲述，绝不是单纯重复。可以说，每次沟通甚至是争执，对你而言，都是一场复盘。

复盘是职场生涯中极为重要的能力，它会让你更了解自己负责所项目的流程以及优劣，如果你具备优良的归纳总结再细分拆解的能力，那么这一次次复盘将会让你受益匪浅。

试想，当你为你的产品一遍遍与技术确认开发需求、与设计确认页面、与市场确定推广方案、与运营讨论用户留存，周而复始后，你还会觉得自己是在浪费时间吗？

第二，如果你耐下心来，成功"熬过"产品经理新人期的"魔鬼职业生涯初期训练"，那么得到锻炼的并不是厚脸皮，而是你的心脏。

在经历了一次次产品构思、开发、修改、上线、更新、维护的生命周期后，这些工作历练绝对使得你的承受能力大幅度上升，要知道，你所做的每件事都要扛住各方面压力，反复打磨后，会将你培养成典型的优秀"T 型人才"。

产品经理是一门足够训练你抗压能力的岗位，当你亲眼见证产品的并行迭代后，你的感受会大有不同，即便你在新人期，只是产品大军中的小小一环，你也会亲历这个过程所带来的巨大压力。

度过"打杂"的新人期后，你也实际看过、参与过产品开发了，此时的你，会是个抗压好手。

胜任一个岗位，软实力常常被低估，抗压力是所有软实力的基础。做产品经理会给你带来巨大压力，挺过去了，便从"见山到山"到"见山不是山"，最后"见山仍是山"了。

第三，多花时间与人沟通会提高你的情商。产品经理并不是要求从业者一定要活泼会来事、健谈懂交际，但过于沉默、内向的产品经理若不拥有足够过硬的业务能力，的确会在工作时遇见一些不便。

所以，这场自我修炼也是情商的修炼，所谓情商，没那么玄乎，通俗易懂点讲，便是情绪控制能力。不管你天性如何，从事这个职业时间久了，也许在生活中依旧木讷，但在工作场景，多会在需要讲述时可以滔滔不绝，且越来越有语言感染力。

这是因为产品经理的工作性质，某种程度上说会有些像乙方，要时时刻刻把控好多方的情绪，才能使得项目进度不会因为沟通这一环节被延误。多部门配合、多事项进程，必然会导致不同意见，从而产生对立和冲突，产品经理要做的，是控制个人情绪，并解决冲突问题，引导他人情绪。

一个时时刻刻能控制个人情绪且能引导他人情绪的人，自然是情商高手。能够利用情绪，达成目标，更是一个情商高的结构导向者必备的职场软实力。

第四，多花时间与人沟通会训练你的判断力和执行力。所谓 T 型人才，便是指既有纵向的垂直细分的深度专业能力，又拥有横向的广度知识与软实力。当你终于度过并不算漫长的新手期后（因为产品经理是个快速让人成长的岗位），你首先具备的便是信息、数据的收集、整理、归纳、总结能力，你可以快速判断哪些信息有效，且将它通过某种方法论形成有效的报告，这种聚合能力既是纵向的也是横向的。

将聚合信息得到最优解并达成最优解便是你的执行力，产品经理是互联网领域中最具执行力的岗位之一。上一段提到，产品经理的新手期很短，是因为能短期快速提高能力。但同时，产品经理又是个一直处在"新手期"的岗位，因为这是个需要时刻在执行的岗位，所面临的新问题会远远超出你的想象。

以上四点，便是产品经理可以学到的软技能，这些软技能，不仅适用于工作，也能反馈到你的生活中。要记住，别急着改变世界，先去让自己成为一名 T 型产品经理，完成这场自我修炼。

说完这些软技能，我再来强调，身为产品经理，必须具备的四个基本技能。

可以说，产品经理是一个网站、一款产品甚至一个品牌的基础，因此无论在哪个互联网公司，产品经理在企业里都是不可或缺的存在。

然而随着中国互联网下半场的到来，企业对产品经理的要求已发生改变，会有越来越多更具体的要求。

在互联网时代，什么样的产品经理更受互联网企业欢迎呢？

我们都知道，产品经理的平均年薪在 20 万以上，热门产品经理年薪可达 40 至 60 万。

从产品经理的薪资可以反映出，一方面，如今的互联网企业愿意花高薪去聘请一位优秀的产品经理；另一方面，随着产品经理收入的逐步提升，可以预见未来选择进入互联网行业的产品经理会越来越多。

那么，一名优秀的产品经理需要具备哪些能力，才可以在竞争激烈的互联网行业获得更好的发展呢？

我采访了数十位互联网行业的设计师，总结出了四项优秀设计师的必备技能。

来看看你是否已全部掌握。

第一，产品经理要懂设计。

王女士与我分享了她的一段失败经历。

2011 年，刚大学毕业的王女士加入了一家互联网创业公司工作，负责 PC 端官网、手机端官网这两款产品，她把重点放在了营销及宣传类专题页面、后台、软件界面的美术设计，以及 PC 端官网、手机端的页面设计上。

她决定来个创新：既然，用户喜欢美的，那么我的产品，从美出发即可。

王女士始终认为市场上大多数产品都太过于讨好用户，她认为产品是要绝对体现自我风格的，不需要考虑市场因素。一次，公司官网需上线一个小型活动的专题页，本没王女士什么事，但她选择了冒险，她让分在她管理内的两名设计师共同设计了一个"先锋艺术风格"的专题页，上线在产品上。

结果可想而知。

专题页上线当晚，就有近百人给公司的微信公众号发消息讽刺王女士的专题页。王女士起初对此并不在意，直到几天后，她得到消息：该活动的报名人数创造了历史新低。

"我反思了很久，终于想明白：产品应该在满足大众使用需求的前提下，再体现艺术性。那个专题页，宣传文案漂浮不定，报名入口不明显，没人看得懂到底讲了一个什么活动，现在再看，失败是必然的。"那场设计上的失败，让王女士反思到产品层面上来，她理解到用户体验的重要性，她开始重视起常被设计师们忽略的服务功能。

通过王女士的案例我们能看出，一款互联网产品，用户的使用体验应该是第一位的，其次才是个人情怀。

如今已有 5 年工作经验的王女士说："无论是什么产品，好的产品就是围绕用户体验来做的。好的产品经理会结合用户体验来展开工作，并通过用户反馈来进行调整。"

事实上，用户体验设计包括了太多层面，即便是一个小小的 H5 页面，都是产品经理思维的体现。除去先前提到的人机交互外，视觉设计、版式设计、功能结构设计、页面切换设计等都需要考虑清楚。

对于用户而言，一个网页或 APP 上每一个页面的转换，每一个板块的交互，每一个按钮的设置，甚至每一个像素的增减，都是至关重要的，直接影响到使用体验。

第二，产品经理也要懂文案。

在采访过程中，我得知了一个小插曲。

某次讨论会议上，设计师提出文案有问题，不够顺口，并且篇幅过长影响了排版，文案还没有说话呢，一名产品经理就自以为是地抢了白，对设计师说："你们设计师没什么文字功底，不要对文案提出异议。"

我认为，在互联网行业，产品经理需具备一定的文案能力。并不是说要求产品经理亲自上阵写出好文案，而是产品经理要知道文案与设计、产品该如何结合。

同一篇内容，常常需要数个设计版本。一张设计图在 PC、手机和线下海报的呈现方式都不同，产品经理在与文案、设计师沟通时，需要考虑到在不同渠道的不同呈现手法，而文案并不了解各渠道的尺寸大小有何不同，可能会给出字数过多或过少的文案，优秀的产品经理应当能一眼识别文案的问题，并且给出相应建议。

在某分类信息网站担任产品经理的林先生曾收到一份文案，长达 500 字，逻辑混乱，杂乱无章，并且需求文档里只说要求出 3 个版本：PC 端、手机端与线下海报。

林先生驳回了这份文案，在邮件里他写清了驳回建议。这份文案在林先生的监督下，被改了十几次，交上来的终版文案字数也不少，有 300 字，但主次分明。林先生拿到文案后，亲自做出最后一次删改，并针对不同渠道做出了不同设计，获得了广泛好评。

林先生也曾从事过文案岗位，他深知文案与产品之间的关联点在哪里，关于设计师需不需要懂文案，他说："文案与产品的共通点在于它们都属于与用户连接，但文案从不是产品的附庸品。产品经理虽不是文案的直接产出者，但他们常年与文案打交道，且更明白文案在产品中如何体现更能吸引用户。如果一个产品经理一味听从策划与文案的建议，而无法发挥主观能动性，是无法获得长远发展的。"

优秀的产品经理需要具备文案能力，要知道什么才是好的文案，更要知道好的文案该如何呈现。

APP 产品经理也是如此。例如 APP 的交互设计，页面上有着大量文案，虽说产品经理会在 PRD 中大致表明各文案该出现的位置，但不代表产品经理就无需思考文案问题，与文案写作者的沟通以及文案处理的各个细节都体现了产品经理的专业性。

第三，产品经理要有强逻辑力。

我采访过大约 60 名产品经理。关于逻辑能力，每位产品经理都有自己的看法，总结他们的观点后，我得出的结论是产品经理所需要具备逻辑能力主要分以下两个方面。

- **思维逻辑能力**

思维逻辑能力决定了产品经理在工作沟通中的效率。无论是哪个细分领域的产品经理，在面临各方需求时都会仔细分析，考虑前因后果后，才做出最终计划。

产品经理也许是一名艺术家，在互联网行业中产品同样是一项艺术，但不是传统意义上的艺术，互联网行业的产品经理通常根据公司计划进行需求设计，在面对各岗位同事时，需要用强大的逻辑思维和语言能力说服同事实现你的需求，这个说服过程便需要产品经理具有很强的思维逻辑能力。

- **设计逻辑能力**

设计逻辑能力是指在产品规划上线过程中布局安排，决定整个产品的灵性与新意。单说互联网行业的产品，要在设计节奏上和产品质量把握上要更加精准。

逻辑是用来分析产品和解释产品的。虽说在实现需求的过程中，没有逻辑的天马行空能突破想象力的局限，但在互联网行业，没有逻辑的产品、无视用户需求的产品会淹没在海量信息之中，传播一个互联网产品时，需要直接表达内容和意图，而怎么呈现内容和意图才能获取更高的转换率，则取决于产品经理的逻辑能力，表达的过程需要产品经理的设计逻辑能力。

第四，洞察市场让产品经理走得更远。

"产品经理要了解不同时代的流行趋势，要跟得上潮流并且知道潮流，预知之后会流行什么。有能力的设计，更能引领潮流。"从事产品经理的林女士如此说道，刚从国外念完硕士回来的她，认为互联网是一种颠覆性的潮流，互联网的诞生让产品经理绽放出新的生命力。

她认为市场是具备潮流性的，而产品经理往往站在每个时代的潮流第一线，所以，她赞同优秀的产品经理更能洞察市场这个观点。

例如，可口可乐并不是互联网企业，但他们的产品是洞察市场且具备互联网思维的，从他们数年来不断迭代的瓶身设计便能看出。可口可乐的瓶子，也是他们产品中的一部分。

众所周知，可口可乐在市场上获得了巨大成功，除了营销团队与业务团队的努力，产品团队同样功不可没。

产品经理们对市场有着敏锐的洞察性，他们是通过以下三点去实现产品对市场的影响。

- **尊重初创**

可口可乐的瓶身设计在 20 世纪初有过颠覆式改变，但可口可乐在设计上最终选择尊重初始产品，尊重传统产品，对于一个品牌而言，尊重初始、传统与经典的产品能够体现品牌内涵。

互联网时代也是如此。乔布斯一直坚持"少即是多"的产品理念，极简主义设计成为苹果的品牌内涵，产品经理需要在接手产品时做到对一家公司的初创精神的尊重，来体现品牌内涵。

- **不断创新**

虽说在 1915 年以后，可口可乐瓶身不再做大幅改动，但其实它一直保持着优化与改进，不断推出新的瓶身。这些看似难以察觉的细节设计变动，会让消费者对可口可乐始终保持新鲜感。

这对产品来说，是迭代更新能力，也是现在流行的精益创业理论。

同样，可口可乐的产品经理们具备着互联网思维。2015 年，可口可乐推出了一款"交朋友"的可乐，产品经理对瓶口做了功能设计，可乐不能一个人打开，要两个人将可乐对在一起，分别朝相反的方向用力，才能把可乐打开。

这场营销活动引爆了互联网，产品经理不断创新的价值便体现于此，产品经理功不可没。

- **高度统一**

可口可乐在全球一百多个国家都有着高市场占有率，即便不同国家、不同民族有着较大差异的文化习俗、商业氛围与消费观念，可口可乐依然在设计风格上保持着品牌核心元素一致，同时在品牌运作与细节设计上又做到了入乡随俗，才让可口可乐在全球都拥有高销量。

从可口可乐的案例可以看出，优秀的互联网行业产品经理需要具备市场洞察能力。小到一张平面设计图，甚至每一句文案的字体设计、大小设置、位置摆放都体现了产品经理对市场的洞察性。优秀的产品经理不仅追求实用，更要了解他所做的产品，每一处的细微调整对于用户而言会起到怎样的影响，具有市场洞察力的产品经理，会通过他的用户反馈，提高市场转化率，并且不断迭代更新。

一个 APP、一个网页甚至一个公司公众号，都是一款产品，在页面交互和版块设计上，都需要产品经理敏锐的洞察力。如果产品经理不了解市场，不懂得用户需求，就很有可能就在一个按钮的位置上或者一个页面的跳转上造成了用户流失。

我采访的几十名产品经理中，有 70% 来自互联网行业，30% 来自传统行业，在这次采访中，他们在"一个共同基础"上都有着相同的思考——

对于产品经理而言，无论是用户体验、文案能力、逻辑思考还是市场洞察，它们能不能做好其实都建立在一个共同基础上：拥有扎实的理论和大量的实践作为支撑。

产品是一门学问的同时也是一门艺术，产品经理若想在互联网行业到走得更远，自然不能只把自己定位成"写 word、ppt 的"和"耍嘴皮子的"，而是要紧跟时代潮流，在保持创新能力的同时，知晓市场需求与用户心理，做到艺术与市场的协调统一。

作为新人产品经理的你，具备以上四项基本技能吗？

最后，我们再在此章节，聊一聊产品经理必备的素质。

对于工作多年的产品经理而言，日后的职业发展无非是继续专精产品、晋升产品总监和转型高级管理三种选择。

下面，我将从产品经理在一家公司有多重要、优秀产品经理需要具备怎样的素质以及产品经理的发展现状三个方面来分析这个主题。

产品经理如何才能晋升为优秀的管理人才？

我希望通过此次探讨让产品经理们了解市场行情，了解产品经理的发展前景，并帮助你更清晰地做出职业规划。

2.4　产品经理有多重要

产品经理对一家公司、一个项目有多重要？根据我所做的抽样调查数据显示：高达 62% 的受访人认为，产品经理在公司中担当着"灵魂人物"的角色，因为他们不仅做着产品经理的本职工作，开玩笑地说，他们还操着"CEO"的心。另外，13% 的受访人认为，产品经理还应当是市场、文案高手，营销能力自然也应是一流的。

我们可以认为，产品经理是一家公司的产品灵魂人物，他必须具备出色的产品能力、运营能力和沟通能力，在完成本职的产品工作外，还要协调好项目中人员的关系，做出合理的分工，最终完成全部工作。

产品经理是不少互联网新人在选择个人发展时想选的一条道路，在一家公司里有着极为重要的地位，是团队的关键人物，担当着重责。

担任产品总监三年的李先生这样比喻道："产品经理的工作就像是打造一棵树的主干和枝干，然后程序员、设计们让这棵树上长出树叶和果实，营销让人来吃它，运营则让人吃完它。"

一名产品经理必须能够清晰地知道他亲自参与的产品中最难实现的需求是什么，种出主干和枝干，才能将"冒芽开花结果"的重担交给开发团队来做。

既然产品经理是"灵魂人物"，那么，成为一名产品经理，需要具备怎样的素养呢？

2.5 优秀产品经理需要具备怎样的素质

担任产品总监 5 年的刘先生表示："产品经理虽然经常需要做一些分工的工作，涉及一些管理层面，但在我看来，这并不算完全的管理，更考验他的沟通能力和思辨能力。"

可以看出，企业无论是招哪一类产品经理，都会要求他们具有多年从业经验，本次我采访了多名产品经理，以及综合了程序员、设计、市场、运营们对产品经理的描述，总结出产品经理必须具备的素质为以下四点。

- **确认需求**

产品经理要懂得用户需求，理解用户真正想要什么，这使得产品经理必须要和分析人员不断沟通，反复确认需求说明书，以此来保证精准清楚用户需求。

产品经理刘先生在受访时说："产品经理会与很多人沟通，例如开发人员、设计，有时甚至是用户本身。目的很明确——挖掘用户需求。"

- **需求分解**

在产品经理确定文档和 PRD 后，产品经理已明确用户需求是什么，这时候便看架构师的需求分解能力了。

可以分为"纵向分解"和"横向分解"。纵向分解是将整个系统分层，将整体系统分解成下一级的子系统与组件。横向分解是在系统分解成不同的逻辑层或服务后，对逻辑层进行分块，从而确定层与层之间的关系。

可以说，产品经理懂一点技术，绝对是百利而无一害的。

- **技术选型**

我常说，顶尖产品经理，是懂技术的。

在需求分解后，产品经理会最终向开发团队提出需求。接下来，产品经理的部分职责是技术选型。因为很多初创公司是没有架构师的，这一点，有时候需要产品经理跟 CTO 咨询沟通，达成技术选型的一致。

"前端到底用瘦客户端还是富客户端呢？数据库是用 MySQL 还是 MSSQL 又或是 Oracle 呢？"产品经理张先生在接受采访时说："在了解用户需求，分解完系统后，技术选型是非常重要的环节，我会提出各个方案，让 CTO 再进行评估。不过，很多人都以为产品经理是有决定权的，其实不是，产品经理没有拍板的权力，决定由项目经理或者 CTO 来做。"

产品经理在技术选型阶段会提供参考信息给项目经理或者 CTO，项目经理再从预算、进度、人力、资源等各方面情况来权衡，最终确认。

- **与 CTO 一起制定技术规格说明**

如前文调查显示，产品经理在产品开发过程中是"灵魂人物"，并且要具备协调组织能力和懂得人员分工。

再懂技术的产品经理，也不可能比技术人员强，但仍要参与。

在制定技术规格说明阶段，产品经理要调动 CTO 积极性，要协调好所有的开发人员。产品经理通常会用技术规格说明书与 CTO 保持沟通，CTO 再让开发人员能从各个视角去观测、理解他们负责的模块或者子系统，确保开发人员能够按照架构意图实现各项功能。

在了解产品经理的职责后，再来看看架构师该具备什么能力才能成为一家公司中的"灵魂人物"。我们先来看一下调查数据：

37% 的受访人认为产品经理的产品能力最重要，逻辑实力重要度排在第二，占比 24%；沟通能力则排在第三，占比 14%；管理能力在大多数架构师眼中并不是最重要的，仅占比 7%。接下来，我们详细分析排在前三的能力。

- **产品能力——擅长整合分析**

产品是过程，并非结果。

产品是产品经理洞察内在结构、原则、规律与逻辑的过程，产品经理要做到清晰理解系统并作出简洁描述，这需要分析整合的能力。

一个产品经理必须具备极强的分析能力，要做到根据产品宗旨和目标，分析清楚产品定位以及产品业务，再整合利用现有的技术领域，找出最佳方案，实现产品概念。

- **逻辑实力——实现产品规划**

就像程序员要将代码写得清晰易懂一样，产品经理要能够实现功能，做到没有

Bug，首先他自己的逻辑是要过关的。

这是最重要的，每一名出色的产品经理，必定是一位逻辑极强的人。产品经理并不是纯粹的管理岗位，对那些爱写各式文档、画流程图、脱离代码、只说不做、高高在上的产品经理，程序员们通常会称他们为：PPT 产品经理。

逻辑差的产品经理的职业生涯必定是短暂的，无论如何都不可本末倒置，要想实现自己的职业规划，就不能荒废自己本身的技能，逻辑是产品经理赖以生存的最基本能力。

所以，不推荐不刻意训练逻辑的人去做产品经理，否则对于团队工作和个人发展，都会带来糟糕的后果。

- **沟通能力——能够横向沟通**

产品经理必须参与产品开发全过程，包括确认需求、系统分解、架构设计、技术选型、制定技术规格说明、系统实现、集成测试和部署各个阶段，在这一系列过程中，产品经理会与各部门沟通交流。

一个产品会有多部门合作，产品经理在其中的沟通极为重要，会直接影响到产品进度与质量。架构师不仅要与开发人员沟通，也要和项目经理、分析人员甚至用户沟通，来实现产品的各种可能性。

所以，对于产品经理来讲，不仅有技术方面的要求，还有能够横向沟通的要求。

2.6　产品经理的发展现状

成为一名产品经理是现如今很多新人的职业发展道路，产品经理的工作前景也是他们所关心的事情，我采访了数名产品经理，做出了"产品经理的发展现状"的相关分析。首先，我们来看一看产品经理们想去怎样规模的公司。

根据采访，初创公司并不受到产品经理们的青睐，产品经理们更偏向进入具有一定规模且已有成熟产业线的公司进行发展。

并且，企业对产品经理的需求量是在逐步上升的。在了解企业需求后，我们再来看一看产品经理的收入：20 万以下和 60 万以上各占 3%；20 万至 30 万、30 万至 40 万各占 22%；40 万至 50 万占比最大，高达 34%，从现状年薪来看，产品经理属于高薪职业。

高薪职业往往也意味着巨大压力，对于产品经理而言，他们在工作中面临的最大困难又是什么呢？

调查显示：协调人际利益占比 35%；管理分工占比 26%；可见与"人"相关的内容成为产品经理在工作中面临的最大困难。对于能成为产品经理的人来说，只要不是 PPT 产品经理，基本都具备了对产品经理而言最重要的产品能力和逻辑能力，所以最重要的有时并不是最困难的。

他们必须思考清楚用户最需要的是什么，同时协调好公司内部人员的利益关系。对于很多脾气暴躁的产品经理而言，协调和管理的确成为了他们最头疼的问题。

受访的产品经理们表示，面对协调和管理所带来的困扰时，不能着急，协调人员之间的利益、管理和分配工作量本身就是一件需要大量实践才能有成效的事情，成功的产品经理们往往会选择从减压做起，至于协调与管理，在他们看来，是一件水到渠成的事。

无论是企业需求，还是薪资水准，从现状而言，产品经理的各方面待遇都是较好的，同样，多部门协调和多线部署也给他们带来了巨大压力。不难看出，国内产品经理的发展现状是较为乐观的，无论是地位、薪酬还是未来发展，都具有优势。

不是每一程产品经理都必须转管理层甚至 CEO，也不是每一名产品经理都必须专精产品，每名产品经理都有着不同的发展方向。

就像程序员，从程序员到 CTO，也是很大的职业转变，也是不少程序员的职场规划路线。

不少程序员，都是工作 10 年后再从程序员转型为架构师或 CTO 的。几乎所有高薪架构师，都懂得多门主流编程语言，如 C++、Java、Python 等，以确保在架构系统时局限性更小，此外，他们还可以使用如 MySQL、SQL Server、sybase、jracle、infomix 等多种数据库，他们还了解文件系统特性，如 NFS、GFS、NTDFS、XFS 等，甚至做过几年 Windows 开发。正是这些经历，才造就了一名优秀的架构师或 CTO。

类比产品经理，也是如此。

产品经理是灵魂人物，地位在不断攀升，薪酬也在稳步增长，愿你在本书中找到你想要的帮助，完成自我修炼。

第 3 章

产品经理的职业发展道路

3.1 产品经理的职业生涯到底是怎样的

随着时代发展，互联网行业所引发的新兴岗位越来越多，这些新岗位中，便包括互联网行业产品经理。但很明显，今天的产品经理与几十年前便存在的产品经理是两回事。

很多新岗位的爆发让曾经的"铁饭碗"不再吃香，那些拿着铁饭碗的人，开始眼红新岗位，包括产品经理。

行业整体的热门除了会让岗位爆发外，也会带来衰退，因为太多门外汉想要进来分一杯羹了。在资本狂热时，无论是程序员还是产品经理，价位都被炒到了不合理的地步。资本寒冬之际，淘汰的自然是那些趁热报个速成班就混进来的门外汉。

当然，也不排除少数顶尖人才是半路成为产品经理的。他们之所以能够留存下来，并成为中流砥柱，原因仍然是：不断精进，合理规划职业生涯。

那么，产品经理的职业生涯，到底是怎样的呢？作为一个新人，或者想转行过来的，应该从什么时候去开始呢？这个岗位是否有一个生命周期呢？如果不能做一辈子，那又应该在什么时候结束呢？

首先，回答第一个问题：应该从什么时候去开始去做产品经理？

我们先说结论：最好的开始时机并不是在你开始有这个念头和兴趣时，而是在你已经有一点儿肤浅理解，但技能不行、知识面窄、还不知道自己想做哪个细分领域以及不知道自己到底会做什么时。

别忘了："有这个兴趣"和"有一点儿肤浅理解"是大前提，还是那句话，只是想趁行业热门进来的，并不适合。

为什么说"要有一点儿肤浅理解"呢？不担心是错的吗？又为什么说"技能不行、知识面窄、还不知道自己想做哪个细分领域以及不知道自己到底会做什么时"才是最好的时机呢？

先解释"要有一点儿肤浅理解"这个问题。绝大多数新人在从事一门新职业前，都不可能做到深度理解。但是，这一点儿肤浅理解，决定了你入行后的细分领域，即你喜欢去做什么。

在从跨界成为一名专精的产品经理前，你先要具备广度，在广度之前，则是你的"肤浅理解"将你领入这个门，甚至决定了你以后真正要选择的细分领域。

所以，在你的"—"即广度真的足够广之前，你必须要在这不断收集、不断扩充的过程中，根据你的"肤浅理解"，整理你已拥有的信息和资源，确定你以后真正需要去着重关注、打磨、深造的核心竞争力，即你的"|"。

只有做到这样，你才会有越来越清晰的职业发展生涯，才有可能使得你的广度、深度、资源、知识、技能、见解、格局在 5 年后或者 10 年后，都变得更具竞争力。这样，才能不被淘汰，才会知道自己要什么，并获得较高的溢价。

然后，再解释"技能不行、知识面窄、还不知道自己想做哪个细分领域以及不知道自己到底会做什么时才是做产品经理的最好时机"这个问题。

在你刚刚开始工作的那三年，无论是技能还是知识又或是软实力，你都是欠缺的，你会有一种"我好像什么都会一点，但没什么特别精通"的感觉，其实这样的状态很正常，但如果成为常态，就会很可怕，会让你膨胀又无法做出实际成绩。

就如前面所说，这个时候，是你做产品经理的最好时机，因为会给你挫败感、疑惑感，也会给你建立起前文所说的"广度、深度、资源、知识、技能、见解、格局"，即你的核心竞争力。

你要记住，最好时机不代表进入就能成功，最好时机是指：这是最好的让你改正缺点的时候。在职场上，但凡有些进取心的人，都或多或少会下意识去积累广泛的知识面，更别说产品经理了。知道得多，并不是你真正的核心竞争力，"最好时机"是指，让你把广泛变精准，从跨界到专精，发挥出长板优势效应来。

在这里说一些有趣的题外话，也就是产品经理留下的职业病。

产品经理们都会有个坏毛病，即：无论是和朋友谈论某个话题时，还是出去游玩看到什么、用到什么时，产品经理都会不由自主地变成"话痨"，从产品角度或者用户角度再或者其他角度去拆解、去分析、最后得出一个模式来，若总结不了，还会很苦恼，只怨自己拥有的"可调动信息"太少。

譬如说，去商场买东西时、去风景区游玩时、去医院挂号看病买药时、去餐厅吃东西时、去电影院取票买爆米花看电影时……产品经理总会发现一些让自己不舒服的地方，然后一不小心就蹦出个"用户体验太差了"来。接着，思索问题根源所在，找到 Bug，再思索优化或解决方案。然后，再想想如何执行并达成方案，期间又要和哪些人对接甚至发生争执……可能到最后，都忘记自己最初要干嘛了，陷入了自嗨状态中。

正在从事产品经理或准备从事的朋友，看到这一段是不是深有体会？

之所以说这段题外话，是为了告诉你：觉得自己什么都能讲两句，是产品经理的天性，既是优点也是缺点。所以，你完完全全能够在做产品时，大胆去做，试着去做每一件你感兴趣的、不管你能不能做到的、不管到底难不难的事。这个过程中，去收集、吸收、归纳、总结足够多的信息，并筛选出有效信息来，从而，得到进步。

以上这段，便是你在"最好时机"要做的重点。做足够多的事，增加广度，不断筛选这些事中你最擅长的、最喜欢的，增加深度。之所以要这么做，是因为产品经理这个岗位，要求你必须拥有广泛的知识层面、专业细分的深度见解、优秀的职业技能，以及在软实力上也不能欠缺。例如前文所说的沟通能力、统筹能力、信息获取能力、时间管理能力以及整合能力。

这样，才可以从跨界到专精，才能做一个 T 型产品经理。

接着，回答第二个问题：这个岗位，是否有一个生命周期呢？

其实，无论是哪一门岗位，其兴衰都是有规律可循的。就拿程序员来说吧，决定程序员热度的也和他掌握的编程语言有关。在之前，如 Objective-C，它因 iPhone 和 iPad 的诞生，而变得无比火热。Java 也由于 Google 公司的"横门一脚"

占据了移动程序开发领域的制高点。

产品经理也是如此，会因为某种外力变得热门。有时候是"时势造英雄"，岗位的兴盛衰退都是随时代而发生的必然现象。一个工种是否能永远走下去，有时候在于它是否能把握住时代标签，一旦走在风口上，便会飞速发展。

不过，在决定一个岗位兴衰的因素中，它们自身的原因，并不是最主要的。

对岗位的兴衰而言，最主要的仍是市场需求。如果一个岗位需求强烈，那么，势必带来高薪，也势必有无数人选择这个岗位，从而竞争激烈。

这就是生命周期问题了。一方面，竞争激烈会让无数人磨练自己的技能，少数者成功。另一方面，也会有大量低质量人群涌入，时间一久，市场饱和，不再需要那么多人，反而会连带影响到整个行业，最终又由盛转衰，由热变冷。

在这里，为了让各位更直观理解，我拿编程语言 C++ 为例来讲解一下生命周期（因为互联网产品经理岗位出现实在太短，还处在生命周期的初期，难以作为解释生命周期的案例）。

编程语言在某种程度上很像朝代，随着时间流逝而一代代更迭，有些编程语言正面临着淘汰，消亡在历史的洪流中。

在互联网上，关于 C++ 将要被市场所淘汰的讨论从未停止过，有人说 C++ 是一门过时的编程语言，也有人说，C++ 是不可替代的。那么，C++ 过时了吗？C++ 程序员会不会被淘汰？

我的观点是：企业对 C++ 的需求势必越来越少，C++ 程序员全体竞争力也将越来越弱，但 C++ 在很长一段时间都不会彻底消亡。

TIOBE 于 2016 年 8 月发布了"编程语言排行榜 TOP 18 榜单"。根据最新排名，Java 再度夺得排行榜冠军，有 19.010% 用户，从市场上的招聘现状看，Java 工程师依然有着其他语言不可取代的竞争优势。

C 和 C++ 虽然分别拿到了亚军与季军，但是均再次跌破历史最低点。相较于 2016 年 7 月，C 的用户量下降 3.43%，C++ 下降 1.94%，情况不容乐观。

从 TIOBE 在 8 月发布的"前 10 名编程语言长期走势图"能够看出来，C++ 在 21 世纪初有着不可动摇的地位。但从 2004 年之后，C++ 的占比开始不断下跌，对比排在后面的编程语言不再具备优势。

我选择了五种编程语言，从企业发出面邀数和最终入职数做出对比分析：从企业发给候选人的总面邀占比以及程序员最终入职占比可以看出，java 仍是市场上最供不应求的岗位，PHP 紧随其后，C++ 获得的面邀数和 offer 数没有任何优势。

曾经是编程语言"三巨头"之一的 C++，为何现如今会面临如此尴尬的局面？

接下来，我将说明 C++ 不断衰退的原因，以及它依旧能存活的原因，各位聪明的产品经理，你能感受到我想做的职业类比了吧？

- **技术不断更新**

以前，绝大数需求都要用 C++ 来写，所以 C++ 曾无比兴盛。如今，很多领域都开始有专属它的一门语言，使得实现需求变得更为便捷。

众所周知，在 20 世纪末至 21 世纪初，大部分个人计算机只有文字排版、图像制作的需求。随着个人计算机的迅速普及，用户基数不断增加，这类需求迅速降低，新增用户们的需求开始转变为信息整合共享。

随着互联网的发展，技术不断更新，用户只需简单的"傻瓜式"操作就能满足他们的需求，程序员柯先生举了在 APP 里加地图的例子——

"以前，这类需求没那么容易，要用到 OS 的 UI 功能去集成一个 native 模块才能实现，现在简单多了，用 Google Maps 做网页的 marshup 就行了。C++ 在面临新技术时，太多功能有局限性，未免显得复杂了，例如，C++ 的静态类型限制太强导致动态功能不足。"

- **C++ 已过巅峰期**

虽然 C++ 仍在不断更新，但使用 C++ 的员工平均年龄不断增长，能使用 C++ 新项目也越来越少，导致 C++ 已过巅峰期。

程序员张先生提出，"C++ 的语言机制在实际使用中有很多问题，会导致细节不能运用。举个典型例子，如 STL，容易生成错误信息，而 Java 则不会出现这类问题。所以，很让人沮丧的是，C++ 早已过了巅峰期。"

此次接受我采访的 C++ 程序员们，有 70% 表示：在初学时，耗费了太多太多精力投入到语言细节中去了。他们如今在思考：这些细节对除 C++ 以外的应用开发到底有没有作用？或者说，作用是否只是微乎其微？

C++ 还有很强的生命力，只是巅峰早已不再，并且，强大生命力仅是从历史上的兴盛继承而来。无法掩饰的事实是：C++ 在应用领域开始展现出疲态。

- **市场需求减少**

C++ 不断衰退的最重要原因是市场需求减少。

从文章开头提供的相关数据可知：需要 C++ 的企业越来越少，这是不争的事实。

编程语言的盛衰与市场需求的关系更为明显，并非是编程语言本身的优劣所影响市场需求。我们不得不承认的现实是：会大规模自建基础设施的企业，除了"BAT"等巨头企业外并不多，时代早已悄然发生改变。

即便是新兴的互联网巨头企业们，留给基础设施工程师的职位也不会很多，更别提创业公司了。显而易见，C++ 更偏向于基础设施方向，随着业务系统开发的门槛持续降低，C++ 职位需求势必将越来越低。

当 C++ 只剩下大型企业才有大量需求时，当 C++ 对员工要求越来越苛刻时，当 C++ 程序员的个人发展变得更为艰难时，这种语言自然不可避免地走向衰退。

但 C++ 为什么不会消亡？

即便 C++ 的市场需求越来越少，但 C++ 是不会消亡的。从世界范围的统计数据来看，C++ 虽然在不断衰退，但仍多年排在第三名。所以，在很长一段时间内，C++ 都不会跌出前三的宝座。

C++ 为什么不会消亡？采访了多名 C++ 程序员后，我得出了以下 3 个观点。

- **在游戏和工具领域仍然是主流**

首先是游戏领域，Milo Yip 表示：

程序员必须使用 C++ 框架 / 库，大部分游戏引擎 (如 Unreal/Source) 及中间件 (如 Havok/FMOD)，虽然有些 C++ 库提供其他语言的绑定，但通常原生的 API 性能最好、最新。

其次是工具领域，无论是网络安全还是杀毒软件，C++ 仍是主流语言。

- **C++ 程序员的收入没有受到影响**

根据数据显示，目前程序员年薪最高达百万，平均也有 15 万到 20 万，C++ 程序员的收入与其他编程语言的岗位相比处于持平状态，没有出现劣势。

随着 C++ 逐渐成为某些特定企业和特定项目所需的语言后，高级 C++ 程序员的收入也会更具有竞争性。

- **C++ 仍具有不可替代性**

知乎红人 vczh 说："我在上大学的时候几乎就只学习 C++，后来实习的时候去了微软，结果到了那里才知道，那个组是不用 C++ 的，怎么办？凭借着 C++ 带给我的殷实的功底，我按时完成了老板给我的两个星期内学会 C# 和 WCF 基础知识，的任务，并顺利开始工作。"

当然，这只是 vczh 的个人经历，不具有普遍性，但不可否认的是 C++ 仍具有不可替代性。某家创业公司 CTO 在接受采访时表示："即便有很多人唱衰 C++，但在当代，仍有很多很多项目的目标平台暂时只提供 C++ 编译器的支持，仅就这一点而言，C++ 是不可能彻底死亡的。"

从应用领域来说，C++ 适用于高性能计算、嵌入式系统、开发服务器软件、游戏、实时系统等，所以，短期内能彻底取代 C++ 语言并不存在。

C++ 在系统、图形、网络等很多领域都是不可替代的，它的光辉岁月让它的消亡速度得以放缓。

当某一种编程语言在市场需求明显比另一种语言更强时，强需求语言中的缺陷则容易被淡化，衰退的语言则不断被人挑出致命硬伤。这种编程语言之间的比较不仅不公平，而且没有意义。

编程语言都是用来表达思想和完成需求的工具，随着时代的发展，不同语言在不同领域都做出了取舍，取代虽然存在，但不是必然现象。C++ 的需求随着时代发展会不可避免地越来越少，但不可能彻底消失，C++ 程序员也具有不可替代性，在市场上依旧有着竞争性。

说完同为从热门一时的互联网岗位 C++ 程序员，聪明的你已经得出结论了吧？

至于产品经理能不能做一辈子，前面已经说了，这是市场决定的，但对于你，这个岗位能不能做一辈子不是最重要的，最重要的是，你在产品经理这个岗位上所掌握的技能，能不能用一辈子。

我认为，担任产品经理所培养的技能，足以让你终身受益。

最后，回答第三个问题：何时该离开产品经理这个职业领域呢？

有一个经典理论是：短板效应。

其实不是这样子的——这个时代没有短板效应，当你的长板足够长时，你会有更多的可能性。拿一个木桶装水来类比，实在是太过牵强了，千万别上了那些鸡汤的当。

然而，即便大家都知道现如今长板更重要，可是，似乎工作越久，越会发现，工作根本不是在积累经验，而是在重复已有的经验。时间久了即便学到了一些新技能，掌握了一些新技能，如果你依旧缺乏长板，就会引发"缺失长板效应"。

如果在工作中，遇到一个肯带你、肯教你、肯指导你思维方式、提高你格局的上司，自然是再好不过。因为一名优秀的上司，是可以教会你结果导向的，而不是让你一直陷在"靠一腔孤勇改变世界"的"英雄主义"中。你会慢慢发现，在互联网行业，资本、渠道、模式有多重要，而这些也是产品经理要了解的且具备的思维。

就像我在第二个问题时所说，"一个岗位能不能做一辈子不是最重要的，最重要的是，你在这个岗位上所掌握的技能，能不能用一辈子"。事实上，某一项技能，掌握再精深，在变化莫测的当下，都不可能让你轻轻松松吃一辈子。"铁饭碗""铁技能""求安稳"是当今职场人士的大忌，越一心求安稳，越一世不安稳。

一个能帮你建立商业思维的上司，是可遇不可求的。遇到的话，自然好，如果没遇到，也不能只陷在自己的小情绪中，你需要仔细判断，然后做出无悔的抉择来。

当你到了这个层面，你自然会明白：什么时候离开。

最后的最后，其实还有第四个问题，这个问题无需解答，它是一个警告。

这个警告是：若不是当真把产品经理当作职业，别做那只"在风口上飞的猪"。

产品经理的职业生涯，绝不是仅在风口、热门时吃点青春饭这么简单。你要知道的是，PM 这个职业，在互联网出现前，便是存在的。即便是这本书所探讨的互联网细分领域下的产品经理，也是有着很长远的路要走，所以，新人产品经理们，愿你们仍能静下心来，认真规划未来五年、十年甚至更远的路，而不是看风口来了，就毫不犹豫闯了进去。"至于怎么走，那走一步看一步咯"这种想法，万万不可有。

有个很老的说法：猪在风口上，猪都会飞了。可惜，这只是一个说法，过于轻视实力，只想趁着红利期捞一把的大有人在，最后没实力的基本都淹死在红海之中。

什么是风口，什么又是风口的弄潮儿呢？

弄潮儿们站在了时代的风口中，风口浪潮引导着大方向，他们是浪潮中成绩杰出的一员，甚至是领军者、推动者。浪潮褪去后，有些人随浪潮一起消散，有些人积极寻找下一个风口，再度起飞。

众所周知，2016 年是资本寒冬年。寒冬对应的，是风口。2016 年的风口，有 VR，有 AI，有直播，有短视频，有内容创业，这些新兴产业，让产品经理的身价一涨再涨，所以，有人认为，即便身处寒冬，在风口上依旧能飞，并且，寒冬之后便是暖春了。

3.2　为什么软技能很重要

在说软技能前，我想要特别强调的是：熬夜加班，对你的职业规划没什么帮助。

我见过一个每晚都发朋友圈说"加班好辛苦，我收获了很多"的姑娘，做的也是产品，加了一年班后，她绩效被打了 C。

产品姑娘愤愤不平道："我熬了那么多次夜加了那么多次班，为公司付出那么多，上司她是没良心吧！居然敢给我绩效打这么低，我要辞职！"

别人辞职，到下家公司去，都是升职涨薪，她却成功做到了从月薪 8000 变成了月薪 7000。不出意外，她依旧很努力在加班，却换来了被辞退的结局。

她无比沮丧地问我：你不是常和年薪几十万的产品经理打交道吗，他们加班吗？

成功产品经理们都很拼，一周工作六七十个小时的大有人在，但姑娘没搞懂一件事：有效的高强度工作是提升效率，无效的加班熬夜是在浪费自己的青春和浪费公司的资源。

2015 年 11 月时，我去杭州采访过一个产品经理，他是学前端出身，工作一年后，在七年前转行做产品。

他刚做产品时，完全不懂怎么做。于是他找到市上成功的产品，自己一个个去倒推别人的案例。

八年前他月薪 2000，如今年薪 50 万。

这类逆袭的真实故事我本可以说出几十个来，再告诉大家：人不应该局限于出身，要学会努力和拼搏，扛住压力，不断钻研，一定会有回报的。

我认真想了想，努力是没错的，哪怕方向错了，真正用心去努力也会有所收获，只是走了些弯路。不幸在于：很多人的努力，都是假装在努力。

知乎上有个答案说得很好：所谓的情商低，便是在他人面前装得很努力很奋斗，私下时却懒惰。

如我开头所提到的姑娘，她的加班她的熬夜感动了自己，恶心了别人，浪费了无数时间，对工作进度没有一点推进，对自身能力没有一丝提高，这样的加班熬夜，只是在掩饰内心不安去换取他人的同情。

事实上，绝大多数产品经理都无法做到"一天高效工作八小时"。你可以回想一下，无论是学习还是听课，你每天坐在那儿十几个小时，真正有效的时间有多少？有多少时间是在做无效举动、看社交网络、发呆、聊天……

很遗憾，你的加班熬夜仅仅体现了你的低效率，你并不是在努力。

如今我更看重两个字：有效。

我们总是在不断强调"人生规划""时间管理"和"总结反思"有多重要，原因在于：无论是规划管理还是总结反思，它们都是在帮助我们更加有效地去完成一件事情。

很多人说：我想要自由，讨厌被管得死死的。

事实是：唯有自律，才能换取真正的自由。

我常举这样一个例子：你理解的自由是走遍世界，如果你想攀岩险峰或者潜入深海，绝不是凭心情就能做到的，你要有健康的身体和专业的指导，如果你不自律去锻炼、去学习，你就根本得不到你所谓的自由。

不少人认为：晚上十一点睡早上七点起把时间精确到小时来完成计划的生活太无聊，想做什么就做什么的人生才有趣。

那些早睡早起精准规划的产品经理，真正做到了想做什么就做什么。这类产品经理都有一个共同特点：自律。

他们不会经常熬夜，可是一旦需要他们高强度工作时，他们可以连续几周不休假，不完成目标不罢休。

重要在于：他们工作中的每小时，都是有效的。

你熬的每个夜、加的每次班，不是努力而是浪费时间。

时间永远是最公平的，你的所作所为都会在时光的流逝中被记录，最后在你身上产生质变。

如果你无所事事，你会庸庸碌碌；如果你懒散度日，你会普普通通；如果你将装出来的努力标榜为真正的奋斗，你换取到的只会是朋友圈的点赞。可这样的你，活不出你朋友圈的模样。

扔掉所有无效的"努力"，将时间真正利用起来，多出来的光阴，你再去思考怎么使用，才称得上努力。会让你过上真正想要的生活的，是跟效率做朋友而不是虚荣心作祟靠伪装换来的赞扬。

产品经理的自我修炼，也来于此。

聊完熬夜的问题，再来聊聊产品经理职业规划中不可缺失的软技能。我曾收到微信里一条长长的私信：非常感谢你，让小白产品经理的我，在职场中有了质的改变。

他是我一名读者，在 2015 年，找我做付费一对一咨询，问了些产品经理上的职场相关问题。我非常理解他的感受。

几年前，我也是个职场小白，拼了命努力、加班，可总是得不到重用，我始终认为付出必有回报，但是有时候也会不安——我会不会永远只是个小职员？

刚毕业时，我写了几十页的职业规划，买了无数本专业书籍，哪怕是发高烧时也不忘记做读书笔记。

我没有料到，我这么努力，依然拿不到高绩效，得不到重用，甚至还会被质疑。后来，我才想明白：在职场中，一定要放弃无效努力。

我们常在职场中陷入"自嗨式进步"的陷阱——熬夜工作，周末加班，不放过任何一场培训，每次会议都记录得满满，有些职场新人甚至恨不得睡在公司。

问题来了，小白们只有在每次加班发朋友圈感慨时能有收获感，到每次述职报告时，才发现过去一个季度，什么也没做好。

我们拼了命努力，越努力越心虚，甚至发现努力会带来副作用。

努力，拼搏，在职场中的效果真的很小吗？

让我告诉你：效果很大，前提是你不能走错方向。

很多年前，对于应届毕业生来说，最好的工作莫过于是考个公务员。到了 2017 年，我们发现并不是这么一回事，无数年轻人纷纷选择逃离体制，来到如互联网行业等新兴行业大展身手。随着大环境的改变，显然易见的是：过去职场的那一套，已经不管用了。

掌握新的职场规则，是你快速成长的重要因素。

在过去，除了少数精英和关系户外，一个年轻人短短几年内级别快速上升是不可能的现象。

如今，两三年的时间，从产品助理蜕变为产品总监的人大有人在，回顾这些火箭式飞跃的职场人案例，我们不难发现，他们本身都是出类拔萃的人，是极强的个体。

然而，除了超级个体外，我们也会发现一个有趣的现象：为什么那些看起来资历普通的人，也能短短几年内成为公司核心？

他的确不差，可你跟他比起来，其实实力差不多，为什么最后你没有快速成长，还是个基层产品经理？

以前，我也为该问题所困扰，甚至走进了死胡同，在我遇到一些贵人后，我才恍然大悟：那些与我看起来差不多的人之所以升得那么快，是因为他们的软实力远远强于我。

硬技能缺失自然会让你职场必败，不过，硬技能所给你带来的挫败感会很明显，你也容易意识到，从而你能补缺补短，最终成长。而软技能的缺失，并不是你能直接意识到的，从而不断恶性循环。

那些快速在职场中成长的产品经理，看起来像是开了幸运光环，但深究其原因，其实不难发现共同点——他们都有职场上的贵人，告知他们的职场缺陷，而他们也在软技能这一块，付出不亚于硬技能的琢磨时间。

而你，便是缺了这个贵人。

我来分享一个案例，是我在上海一场活动上认识的朋友，一名职场精英。

初入职场时，他只是一个基层业务员，在公司规定业务员工必须工作满半年才能申请转岗的情况下，他工作不到两个月，便被破格调入公司总部，他这个专业不对口的职场小白开始去做产品助理了。

深究原因，是因为他在多家大型互联网公司实习过，亲身见证过一些高影响力的产品上线。恰巧那时，公司的几个产品助理离职，公司缺人，而他的事例被总部人知道。更巧的是：当时他的业务上司肯夸赞他、推荐他，才有了他的破格转岗。

这里涉及的职场软实力有：1. 如何让新上司知道你拥有专业技能？ 2. 如何搞好人际关系，让上司赏识你并愿意助你一臂之力。

转岗后，他陷入了一段时间的瓶颈期，专业技能虽然在上升，但绩效评比时他排在末位。后来，他得到了开辟新部门的机会，在工作职责上，上升了一个层次，对接同事均为高一级的主管级别同事。

深究原因，是因为他一直养成做周报时积极与上司分享个人工作状态的习惯，成为部门里唯一一个坚持在周报里汇报状态的人。并且，他也不断要求承担其他工作，才最终赢来了机会。

这里涉及的职场软实力有：1. 如何在工作劣势情况下，获得机会？ 2. 如何在不拍上司马屁，不刻意套近乎的前提下，获取上司的信任？

一年后，他选择跳槽，拿到双倍薪水入职。又过了一年，他选择辞职，手里有一份年薪高达 40 万的 offer，那时他仅仅毕业两年，而他选择了拒绝。他决定自己创业，靠着出色的产品技能，他的收益超过手头上的 offer。

这里涉及的职场软实力有：1. 怎样跳槽，可以拿到高薪？ 2. 怎样的职业规划，可以使得薪水不断上涨？

前面我提到的朋友，之所以能在短短两年内，在产品经理的自我修炼之路上获得蜕变，不得不承认，一路走来，他运气不错，总有贵人相助。

然而，他在职场中做重要决定的判断力，以及在职场中提高软实力的意识，才是关键点。

他是一个普通家境、普通本科学历的人，可以说步入职场时，起点很低，资历平庸，可只用了两年时间，他便拿到了曾经不敢想象的 offer，不得不说，除了感谢自己和贵人外，还要谢谢时代。

当然，时代赋予的红利，并不只有我和他能享有，你也是。除了不断提升硬技能外，你还需要提升职场软实力。

记住，风口上能飞的从来不是猪，猪即便在风口上飞起来了，也会在后面的寒冬中冻死。寒冬虽然会过去，但春天不一定会暖，即便暖流来临，甚至成为热潮，谁能担保，下一轮寒冬，不会在资本游戏里来得更快呢？

资本带来的，除了红海，还有血海。切莫为利红了眼，为益杀红眼，在海中迷了眼。

唯有真正优质的产品经理，真正努力的人，才能在风口中起飞。

产品经理们，夜已深，如何躲过黎明前的最黑暗，避开血腥獠牙的撕咬，只取决于你，到底能不能完成这场自我修炼。

第 4 章

跨界，到底跨的是什么

在聊跨界时，我们先看一个"跨界产品经理"的案例。

这名产品经理小 A 先前做的是技术，在最近两年才转型产品经理，有着"T"中的"一"，即广阔的知识面。

小 A 名校出身，大学读的金融系。毕业半年后的他，对银行朝九晚五的工作环境感到厌倦，凭借大学时期靠爱好自学的技术，转行做了 IT，主要工作职责是技术支持与客户端维护，一做便是 4 年。

2014 年年末，他跳槽到一家 O2O 模式互联网公司做运维，完成了从非互联网行业到互联网行业的初步转型。和所有处在风口上的人一样，他发现无论是对过去还是对未来，都有太多的不确定性，收获与风险俱在。

小 A 从小便喜爱科幻电影，影片中的黑客对他产生了巨大影响，年幼时的他认为"技术"是可以改变世界的。兜兜转转数年过去，技术的确改变了世界，他也如愿以偿在 6 年前从事了传统行业的 IT 岗位，只是，工作内容不如他想象的那般"酷"。

他提及 6 年前的转行，说："2010 年，互联网行业并不像现在如此热门，更何况我刚转行时，做的虽然是 IT，但毕竟不是互联网行业。那个时候，纯粹是靠爱好，我不喜欢银行的工作氛围，也不太喜欢和人打交道。转行时家里人自然是反对的，第一份转行的工作，自己不会掌控，没有经验，也没有专业背景，即便学校好，也不能真正起到背书的作用，只能先找到新工作再说。"

4 年传统行业的 IT 岗位，比小 A 想象中的要枯燥得多，工作内容自然不像电影中的黑客那般出神入化，更多的是最基础的客户端维护，繁琐、单调。

2014 年，O2O 概念在中国迅速火爆，无数创业者打着 O2O 模式的名号建立企业。在大趋势下，小 A 明显感受到了互联网行业对传统行业的冲击，他知道，"如果不逼迫自己走出去，或许离自己想要的越来越远。"

如果说小 A 的第一次转行是纯靠兴趣且较为盲目的，那么这一次小 A 的跳槽，则更有规划性。他不是盲目的跟风者，他性情谨慎，虽说不爱争抢，但不是没有事业的企图心，小 A 的每一个决定都经过深思熟虑。

小 A 再一次做出了职业转型：到该 O2O 公司做产品助理。一年半后，他成为了产品经理。

遗憾在于，这家看似规模很大的 O2O 公司，至今仍在亏损，企业内人员流动过快，上司忙于办公室斗争，公司以业务为导向只重视销售额和线下产品，不重视线下产品，这让小 A 渐渐产生疲惫感。

小 A 的新工作依旧是产品经理，只是，快 30 岁的他，虽有名校光环、技术支撑、多领域工作经验，但比起年轻的产品经理们，他并不占据优势。

小 A 从非互联网行业到互联网行业花了 4 年，在互联网行业呆了两年后，在种种冲击下，他的工作意识开始转变。更准确点来说，小 A 是"深思熟虑、步步为营的随遇而安者"，小 A 的每一个选择都是基于他的爱好，基于他最想要的初衷，无论是之前学习运维，还是如今做产品经理，都是自学，没有参加培训班，靠着毅力和兴趣完成一次次转型。

小 A 只具备了"T 型产品经理"的"一"，不具备"|"，这是所有新手产品经理要注意的问题：所谓的跨界，不是让你什么岗位都做一遍，什么领域都尝试一遍。

我们再来看第二个案例。

不少人并不了解产品经理实际上是个高门槛的岗位，试图从产品经理入手，完成进军互联网行业的计划，通过培训班的短期训练和言过其实的简历匆匆忙忙成为一名不合格的产品经理。

互联网行业是个风口，高收入令无数人羡慕，越来越多的人选择跳槽到这个行业。有人本就是技术出众的程序员、产品经理，从传统行业来到互联网行业，有些人则是彻底转行，夹杂着各式各样的原因，来到互联网行业，从事技术、产品或者运营。

中途从其他岗位转成产品经理的人并不少，小 B 便是其中一个。

小 B 的上一份工作是在一家不融资的互联网公司做产品运营。市场营销专业出身的她最开始并没有"互联网行业"这个概念，直到做了两年产品运营，在不断与产品经理打交道后，她对产品经理岗位产生了浓厚兴趣。

小 B 很冷静，没有盲目跳槽，而是在做产品运营的同时，不断向公司的产品经理取经，同时在空闲时间学习、实践。到她感觉足够时，她选择了跳槽，从产品助理做起，最终成为了产品经理。

小 B 从市场营销到产品运营到最终的产品经理，职业规划似乎并不清晰，但她其实与小 A 有相似的地方：看似随遇而安，实则深思熟虑。小 B 如今很满意自己现在的工作状态，第一份工作从事营销，第二份工作从事运营，这两份工作的经历对她现在的工作内容来说，都有很大的帮助。

在小 B 看来，产品经理需不需要懂营销、懂运营，她不敢直接下定论，但是，至少对于她个人来说，她在从事营销和运营学到的东西，让她如今的工作很受用。

小 B 的第一份营销工作、第二份运营工作都是"共享经济"领域，如今小 B 第三份工作是在某民宿公司担任产品经理，虽说三份工作内容都不相同，但领域相同。虽然在"共享经济"领域下，三家公司的产品也不同，但这不妨碍小 B 成为一名优秀的产品经理。

小 B 的营销、运营经历，以及对三个产品的摸索，是她的"—"——广阔的知识面。而"共享经济"领域下的细分耕耘，以及多年来她深度自学产品知识，是她的"|"，这都使得她在跳槽、跨行后还能成为一名的优秀产品经理。

所谓的跨界，指的便是小 B 这样。

跳槽或转行所带来的转变，不仅仅是薪资，还有在大环境下对自身的思考，跨界会迫使你去思考，而你，会在期间获得成长。

在我看来这场跨界，其实更像是更迭：人才的更迭。

我认为，"更迭"这个词，有时候被误读了。产品经理这门岗位的"更迭"，不是像程序员所理解的旧的编程语言被彻底颠覆，然后新编程语言建立新体系，也不是旧编程语言在"更迭"中形成了自己的新体系，这些都不是产品经理的"更迭"。

产品经理"更迭"的最主要因素依然是市场需求。

在说明产品经理的"更迭"前，我依旧拿其他编程语言来做一个类比。

就拿 Java 来说，它已是成熟的"帝国"，它在云计算、大数据还有企业应用有了惊人数量的 APP、Framework、Library，更何况，它被无数程序员所使用所热爱。

无论 Go 语言等新兴编程语言"攻城掠地"的"战绩"有多耀眼，其实从市场需求上来看，它依旧不是如今的霸主。虽然 Java 也曾经历过"衰退"，但最终做到了"浴火重生"，即便无数人都在预言 C++ 会跌下神坛，C++ 的市场需求量的确也在减少，但从如今的状况来看，很多重要项目中，我们都能看见 Java 和 C++ 的身影。

一个帝国之所以被称之为帝国，仅有耀眼的开端还是不够的，还需要健全成熟的"体制"。Go 语言还不成熟，它的各种语言特征和规格还在变化。Go 语言在适用领域的优势更强，而在不适用领域的劣势也更加明显。

结论已经给出：Go 语言还不是如今市场需求上的新霸主。

当然我始终认为，编程语言不应该被拿来作为对比。

并且，一门语言、一个岗位的兴衰，也是源于市场需求，需要它的企业多，它自然会成为热门，甚至供不应求。

事实上，编程语言之间的比较并没有太多意义，能够解决实际问题的编程语言就是好的编程语言。对于开发团队来说，哪种编程语言能低开发成本且高速高质解决问题，哪种编程语言就更容易被接纳使用。每门编程语言的诞生，都有它自身的意义，都是为了解决某项具体问题而被创造，而解决问题的能力是发展趋势的最重要评判标准。

说到底，评断一名程序员的价值所在，和他会什么语言、用什么语言的直接关联并不是很大，而是他用这门语言解决了多少实际问题，创造了多大利润，提高了多少效率。与其比较语言直接的优劣，倒不如想清楚解决什么领域的问题。

所以，编程语言不应该被拿来作为对比，程序员更应该关注的应该是技术本身，才能在瞬息万变的招聘市场行情中脱颖而出，成为"互联网帝国"里最好的程序员，拿到更好的 offer。

同样的情况，类比到产品经理呢？

我们可以发现一个同样的道理：市场决定更迭。

或许有一天，你擅长的细分领域因为市场而衰落，逼迫你跨界。所以，产品经理不仅要懂专精，也要懂跨界，这才是广度和深度的结合。

在这里，我们再看一个跨界的案例。

采访产品经理 Nine 前，我给他打过电话。

前两个电话，Nine 都没有接，第三个电话接通时，他客气礼貌地问：您好，请问哪位？

Nine 先是对忘记电话采访的事情表示抱歉，然后再小心翼翼问了几个问题，确定无误后，开始接受采访。

他有着多年的传统工作的背景，今年决定跳槽，并拿到了一家初创互联网公司的 offer。

Nine 一直没有入职，不肯转型的他传统意识根深蒂固。

问起 Nine 为何不接受这家互联网企业的 offer 时，他毫不犹豫地说："小公司太不规范了，而且互联网行业大多数都是泡沫经济，不稳定。我对小公司一直没有什么好感，我想再看看，如果能等到大公司的 offer，我会毫不犹豫拒掉这家小公司的 offer。"

他在电话中，把"小公司""大公司"这几个词汇重复了无数遍，他反复强调：只有大公司是可信的，即便有些大公司有不少负面新闻，但稳定性和待遇也比小公司好得多。

互联网初创企业，用他的原话来说就是："和快要倒闭的公司没区别。"

在他眼中，考虑公司的顺序是这样的：传统大公司＞传统小公司＞互联网大公司＞互联网初创企业。

Nine 在传统公司工作了 5 年，"进入大企业才安全才稳定"的想法已在他脑中根深蒂固，没有改变的可能性。

当问其有没有想过进入互联网公司时，Nine 语气肯定地说："从没考虑过，我只想专精产品，在什么行业不重要。如果非要选，我一定选大公司。大公司的牛人多，在小公司里面呆着的都是随随便便的人。"

Nine 和 Paul 完全不同，Paul 在传统公司待久了，认为自身的技术会在安逸的环境下逐渐消失核心竞争力；而 Nine 纯粹认为大公司靠谱、规范、稳定，只有安稳的环境才能让他放下心来去专精技术。

与 Nine 聊到职业发展时，提及初创公司在晋升这一块有着更多的可能，Nine 依旧说不行，他认为互联网公司随时都有可能倒闭，所谓的晋升和期权不能给他一点安全感。他一次又一次地强调"小公司太不可靠了"，所以不断拒绝互联网初创企业的 offer。

Nine 代表了这样的一类群体：他们从来不会考虑来到互联网公司，传统企业给予他们的薪资和稳定已经让他们非常满意，互联网给传统企业带来的冲击完全影响不到他们，他们也不关心互联网行业到底是怎样的现状，会有怎样的发展。

Nine 所代表的群体，追求稳定性和规范性，即便他们拿到了初创企业的高薪 offer，也会认为不是大公司，不够规范，在传统行业的大公司做产品经理能满足他对规范、稳定的追求。

我们无法断定 Nine 会不会遭遇 Paul 的危机，但当冲击真的危及他的发展时，他才发现安逸和稳定给他的技术并没有带来实质性的增长，甚至带来了后退。

因为，互联网还没有到彻底颠覆所有传统行业的地步，Nine 说不定在传统行业会发展得更好，并且，传统行业也不会消失，仍需要大量人才平衡市场，所以，Nine 的选择本身是没有错的。

问题在于：Nine 的思想已经固化了，被过于传统的观念给捆绑住，认为稳定才是最重要的，并不会深入考虑综合的发展。

不是每个人都非要来到互联网行业，可身处传统行业的人也需要对互联网行业有一个正确的认知，并保持思想与观念的随时更新，才可以在这个瞬息万变的时代有更好更远的发展。

另一个案例是 Jack——一个披着互联网外衣的"伪互联网人"。

如果要用一句话总结 Jack，那就是：互联网公司的传统思维员工，披着互联网人的外衣，骨子里依旧留着传统企业的血液。

看起来，Jack 是少数群体，在互联网热的今天，无数传统企业的员工纷纷逃离安稳的环境，朝着互联网企业狂奔而来，Jack 选择了"逆行而上"，想要来到传统企业。

不过，Jack 无法代表的真正意义上"发现传统企业优势和互联网企业劣势"的少数派，他选择去传统企业的理由和 Nine 惊人相似：大公司稳定，小公司不靠谱。

Jack 有五年工作经验，分别在三家互联网大型企业就职过，三份工作都与产品经理相关，带过三到五人的小型团队，他负责的产品，大多数都在市场上获得了不错的反响，从他的履历来看，Jack 是一名合格的互联网人。

如今 Jack 决定跳槽，他拿到了一份互联网企业的 offer，一周了，都没有决定要接受 offer。

非常巧的是，Jack 拿到了 Nine 想去的那家传统企业的 offer，Jack 毫不犹豫地拒绝了前一份 offer，来到了这家传统大公司。

其实，被 Jack 回绝 offer 的那家互联网企业并不是初创公司，规模不小，明年就要上市，是一家非常有前景的互联网企业，在这个时候加入是恰当的时机，但 Jack 不为所动。

"我一点也不看重这些，我认为我要让我的简历更完美一些，所以在五年这个节点，我一定要选取一家大企业，这对自己的简历帮助更大。那家互联网公司即便快上市了，也比不上我现在要去的这家你口中的传统公司。从我个人角度来说，过去五年互联网企业的经历，让我非常疲惫，我现在更倾向去传统公司。"

Jack 并不是太古板的人，他性格开朗、十分健谈，在电话中交谈时常常大笑。据他所说，他热爱游泳，还会钢琴，并且英语口语流利。他离开互联网行业最大的原因是：太累了。

当 Paul 卯足了劲想从传统公司来到互联网企业时，Jack 却期待传统公司的工作模式。Jack 说他知道传统企业的很多项目都受到了互联网行业的冲击，不少产品都被互联网抢占了市场，只是，从他个人角度而言，他认为行业的大趋势与他个人发展无关。

无论是哪种选择，无论是在传统行业还是互联网行业，都是正确的选择，我们的焦点应该在于：不能让传统的僵化思维限制了个人的发展。

在互联网的猛烈冲击下，传统行业有不少人选择跳槽到互联网行业来，但不代表传统行业就该消失。从市场规律而言，传统行业是必须存在的，所以，需要有大量优秀人才留守在传统行业，做出更大的贡献。

问题在于：无论是在传统行业还是互联网行业，都不能存在僵化思维。

当新兴的打车软件冲击了传统的出租车市场时，无数霸道拒客的老牌出租车抨击优化了用户体验的打车软件；当传统的手机运营商垄断市场、欺负用户时，社交网络的横空出世让运营商的短信、电话收入悬崖式断跌。

互联网时代，创业的神话与倒闭的悲剧都在随时上演。当传统行业受到冲击时，职场人在浪潮中难免迷惑，他们会在心中每日做出抉择：坚守传统行业？跳槽到互联网行业？还是从互联网行业来到传统行业？

每种选择都是正确的，冲击所影响的是大环境，不会影响真正清醒的人。留在传统行业不可怕，可怕的是思想还留存传统思维中的落后因素。

传统并不是危机，真正的危机是传统企业所滋养的毛病。如果僵化思想根深蒂固在一个人的脑中，在资本洗牌时，无法做出改变的人，必定会受到市场变迁的威胁。

文中提到的三个人，都有着同样的问题：没有吸取传统企业的优点，将传统企业的僵化思想留存在血液里，他们的思想观念、职业选择规划、技术水平本身都开始跟不上互联网化的脚步，并且，对互联网企业的认知存在一定的偏差。

在这里，我想说一个故事，对于从外行跨界到互联网产品经理的人而言，有着很大帮助，因为这就是一个非产品经理的故事，所要传达的是两个字：价值。

前面提到的那些产品经理，都没有弄懂获得"价值"的意义，这个道理，其实与产品经理岗位息息相关。

厉害的产品经理之所以是牛人，是因为他的身边都是牛人。

不少不肯脚踏实地的人会说：这年头，搞好人脉就行，哪里需要什么实力啊？

他们逻辑存在一个很严重的问题：虽然人脉很重要，但若把精力放在巴结权贵上，你所苦心经营的人脉，根本都只是泡沫。

为什么这么说呢？人与人之间的相处，若是基于利益往来，那么，你不能给对方提供价值，你再怎么巴结比你强的人，他都会觉得与你交谈是浪费时间。

当你变得强大时，人脉会自动向你靠齐，新人产品经理们，把这个浅显易懂的道理，用到你职场的沟通上去啊！

每个圈子里都有这样的人：不停吹嘘自己认识这个技术大牛、认识那个编程神人，结果当别人问到大牛和神人那边时，他们想了半天，然后问：啊……你是说那个总是发微信骚扰我，问奇怪问题的人？

这种人脉，是无效的。

在看《Facebook 效应》时，扎克伯克提到了一个名词，叫"馈赠型经济"，他说："你知道馈赠型经济吗？在一些不太发达的地区，相较于市场经济，这是种非常有趣的非主流经济形式，我拿出一些成果分享给大家，出于感激和表达慷慨之情，人们会回馈给我一些东西。整个文化就建立在这种彼此的馈赠框架下。"

Facebook 便是在馈赠框架下快速发展，成为世界顶级互联网公司的。

产品经理，必须要懂得馈赠型经济。

前段时间，我认识一个在北美创业的朋友 Z。初次和 Z 交谈时，我被他的情商所折服，当我从共同朋友口中得知他在美国读书时曾有自闭症时，我惊讶不已——曾有社交恐惧症的人，如今竟成了做社交类产品的 CEO，太逆袭了吧？

Z 跟我说："刚开始试着改变时，我在人多的地方讲话都会脸红，生怕自己被嘲笑，至于朋友聚会，根本没人愿意邀请我这个不会说话、衣品不好的家伙，说实话，那时候挺不自信的。"

"你是怎么克服的？"我问。

"过去 3 年里，我保持每天认识一个新朋友的习惯，结交朋友的数量达到了四位数，强迫自己慢慢走出社交恐惧症。"

看着眼前的社交达人，我实在想象不到 3 年前他会是自闭症患者。

在 8 年前，Z 刚到美国，由于语言不通和文化障碍，Z 慢慢变得"自卑、封闭"，一个朋友都没有，即便他成绩好，也总是不开心。

到了高中，Z 的人生轨迹发生了改变：他遇到了生命中的第一位贵人。

Z 在高二时，自闭症刚刚痊愈，决心开始改变自己内向的性格，进入了学校一个俱乐部。第二年，他准备竞选主席，本是最没竞争力的他，抱着试试看的态度，请教了俱乐部指导老师。

老师给了 Z 建议，这条建议，让 Z 在竞选中虽然出现失误还保持优势，最终让 Z 成为学校历史上第一任华人主席。

老师给 Z 的建议是："所有人都讨厌只索取的人，你想让贵人帮你，你得先成为他们的贵人，给贵人提供价值。只有这样，他人才能记得你，才会在你困难时，及时给你提供帮助。"

与扎克伯格的"馈赠框架"不谋而合，其实，这也是个产品经理该具备的能力。

后来，Z 会在每周俱乐部的例会前，赶去当地最好的烘焙店，买几盒美味的披萨，带给俱乐部成员，并且，在往后的半年里，Z 不计较得失，给俱乐部每个成员提供帮助。

当其他竞选人还试图用漂亮空洞的演讲词煽动情绪时，Z 便用实际行动证明了他能够带来的价值。

"提供价值，不求回报"，是 Z 始终坚信的成功真理。

看起来，好像只是几盒披萨收买了人心，但深思其背后原理，不难发现，这仅是价值提供的开端，越往后，信任 Z 的人便越多，他在俱乐部的实权也就越大，Z 能提供给他人的价值则更多，最终，量变引发质变。

Z 常说："只要你愿意先给别人提供价值，别人就会在未来以你意想不到的形式回馈给你。"

哪里来的那么多伯乐，伯乐也需要通过真诚和价值来筛选"千里马"。

别总想着索取，若想成功，先想想如何提升自我价值，如何给别人提供价值，不求回报才能获取最大的回报，所以别太浮躁了。

通过上面那个故事，我们可以得知，跨界者想要获得价值，首先得提供价值，其次是远离舒适区。

远离舒适区，是一个人保证自身快速成长的重要因素。希望部分传统行业候选人思维认知能从保守、传统、狭隘中走出来。其实，每个行业，每个岗位，都值得尊敬，始终需要保持高速变化的是：思想。

为什么要远离舒适区呢，我再举一个新人产品经理的例子，她自以为自己是怀才不遇，其实是无才不遇。

之前我做采访时，对面的产品助理姑娘哽咽道："那些主管都是瞎了眼吗？为什么我总是怀才不遇。"

我安慰她几句，整理好采访笔记，与她挥手告别。她，毕业一年换了 5 份工作，其中半年还在培训班度过，期间还转了行，每天下班后基本上都在看综艺和玩手游。

对女孩子我很难说狠话，一开口就煲了碗热腾腾的鸡汤，说："还年轻，只要努力，时光是最公平的，它会证明一切。"

萍水相逢，采访后怕是再也不见，我并没有告诉她真相——所谓怀才不遇，多半是无才不遇。

有句古话是"千里马常有，而伯乐不常有"。

正如张爱玲那句"出名要趁早"般，这句古话不知误导了多少人，他们把自己当作"千里马"，总叹息：为什么没有伯乐赏识我。

伯乐们没有瞎，但太多人或许不是"千里马"，只是"骡子"，出来溜溜就露了馅，还怨天尤人。

我们常见到这样的人：看起来什么都知道，爱夸夸其谈说个不停，好像什么都会，但什么都一知半解。

我朋友和我说起过他的同事，自称是产品经理届的大牛，张口闭口就是各种大词，乔布斯和张小龙是最常挂在嘴边的。看到各类产品，他都爱爱评点几句，随意评点各家公司的产品和模式。人往那一站，就像话匣子被打开了，滔滔不绝，像个演讲家，如果有人反驳，他就变成了辩论家。

结果，我朋友的同事被公司开除了，他连写一份逻辑通顺的文档都难。

你是不是有过这样的时刻：认为自己在某个方面有才华，于是看不起也看不上任何人，自以为找到了人生的方向与爱好，其实却并没有花大量时间去练习，看过了太多天才事例，便自以为天赋出众。遇上专业人士时，毫无疑问，你会被直接碾压，但你会不服气地说："我要是科班专业出身，我比他还厉害。"

遗憾的是，你其实好像也没多厉害。更可怕的在于，你依旧没有为你自以为热爱的事情付出过努力，依旧沉迷在自我安慰的假象里洋洋自得，天天说自己学历低或者培训班出身，把这些当作借口。

有句著名的鸡汤叫"以绝大多数人的努力程度之低，根本轮不到去拼天赋"。让我加一句话，把心灵鸡汤变为心灵砒霜，"若要拼天赋，你努力一辈子也拼不了"。

想要成为产品经理，就得付出相应的汗水和代价。别总说"我想"，要实际去做。并且，绝不是三天打鱼两天晒网，你必须得日复一日地坚持，才能成为一匹刚刚能奔跑的马。

我对文章开头那个女孩说："时光是最公平的，它会证明一切。"

这句话其实是成立的，但它需要一个前提——你的所作所为，你所做出的产品，够不够资格。

我常看见有人不愿做某件事时，抱怨道："我做不好是我不喜欢它，要是做我喜欢的产品，我一定做的比任何人都好。"

当他做自己喜欢的产品时，遇到困难，立刻退下，再骂道："这个社会太现实了，这家公司的上司有问题！人根本没办法追求自己的梦想。"

遗憾的是，我并没有看见这些新人产品经理们为自己的梦想付出过多少，实际上，很多人连第一步都没有迈出去。

他们最终把所有问题总结为：怀才不遇。

我曾见过一个新人产品经理，在一家公司呆了三年多，一直不露锋芒，结果到最后，在产品总监离职时，他被提升为产品总监了。

我问他明明那么沉默怎么做到的，他说："大多数怀才不遇，多半是无才不遇。我们喜欢自诩优秀与不凡，更爱听他人吹捧几句，时间一长，便陷在了自我欺骗的谎言中，当真以为自己能力非凡、才华横溢、实力出众。我只是把所有时间都用来工作了，根本不需要说更多的话。

有多少分量，拎出来晒晒。人将谎言当了真后，便不知天高地厚，自负又自大，屡遭现实打脸后，哭天抢地、鬼哭狼嚎、声嘶力竭、痛斥现实的残忍与社会的不公，转身成为愤世嫉俗的热血青年，将自身所有失败怪罪于外界，却从不反思。

这种自我欺骗像是场不算精心编织的骗局，又如泥潭般温暖让人沉迷，沾了一身泥泞还嬉笑怒骂不知将窒息而亡。

你只记得自己读了一小时关于产品经理的书，却淡忘自己浪费了一天，你只记得自己熬了一夜跟进了某个需求，却淡忘自己数天来的拖延，对各种 Bug 和各种需求过了 deadline 也不闻不问。

你没那么优秀，你向来如此平凡，你只爱找寻安慰惧怕接受平庸的自己。只是你不敢承认，拼了命找毒鸡汤、蠢段子来证明你没那么平庸与不堪，看了本传记、听了段传奇就自认为也如传记、传奇般中的人不凡。

你还要骗自己多久？

大多数怀才不遇，多半是无才不遇。别再骗自己了，如果你足够热爱你的梦想，如果你足够拼命去努力，你才有资格说自己有才华，到那时，你遇见的，会比你想象得还多。

跨界，更容易陷入无才不遇的困境，所以，想要成为产品经理的你，无论在传统行业还是在互联网行业，始终都要高度警惕，远离舒适区，保持思想的更新速度，拥有长远的目光。

聊完了跨界，我们再仔细商讨一下，什么是产品经理的"专精"。

第 5 章

专精，到底专的是什么

两名生活在北京的产品经理，工作经验均在 10 年以上，A 年薪 53 万，B 年薪 33 万，是什么造成了他们薪资上的差距？

是学历吗？

年薪 53 万的 A，毕业于普通本科，年薪 33 万的 B，毕业于名校，看来，学历并不是影响他们薪资的直接原因。

我并不是要讲述一个普通学历的互联网人如何逆袭的励志故事，我要通过这两个人的职业发展路径，告诉你：产品经理的薪资与发展，与什么有关系。以及，T 型产品经理的专精，到底专的是什么？

对比两名候选人的职场经历，可以发现一个很有趣的现象：

A 工作 12 年以来，专精企业管理信息化和互联网产品管理领域，他在职业发展上有很强的规划性，会在该细分领域下专心耕耘。

B 工作 10 年，前两年为开发工程师，后转行产品经理，8 年产品经理工作经验，在产品领域上经历企业管理、旅游、医疗的多次转变，如今依旧没有明确的专攻方向。

在深度分析了两名产品经理的经历后，我调查了大量工作经验在 5 年以上的产品经理的职业发展道路，发现了规律：越是专精某一方向的产品经理，越是能在工作多年后拿下高薪。

产品经理薪资高或低，发展好与坏，与他工作多年来的领域从业经验成正相关，即：在某一细分领域下耕耘的产品经理，发展会更好。

接下来，我将深度探讨这一观点。

5.1 企业喜欢怎样的产品经理

在深度分析 A 和 B 的职业发展路径前，我调查了企业对大数据产品经理、广告方向产品经理、APP 移动端产品经理、B 端产品经理的要求，删减产品经理的必备技能后，我总结出了企业对这四类产品经理的核心要求。

- **大数据产品经理任职要求**

熟悉各种大数据产品和平台，熟悉数据分析和数据挖掘工具，有数据产品设计经验。

有互联网背景，了解数据加工处理完整生命周期，参与过完整的大型数据相关项目和产品。

- **广告方向产品经理任职要求**

具备完善的广告理论和技术背景，了解展示广告生态体系，熟悉 RTB 机制、策略设计、客户需求分析、数据分析、产品规划。

负责收集展示广告生态体系中各类客户的需求（主要集中在 DSP 和 SSP），进行市场及竞争分析，协助市场推广等。

- **APP 移动端产品经理任职要求**

移动端商城 APP 的整体规划和开发、电商系统需求和交付，协调移动 APP 的设计和开发。

协调微信端开发和对接，持续优化 APP 的用户体验。

- **端产品经理任职要求**

平衡用户体系和机构需求，安排需求的优先级，设计有竞争力的评价指标。

有 B 端用户产品设计经验，熟悉 B 端用户需求及运营模式，有后台系统、账号建设相关项目经验。

通过以上四类对不同领域产品经理的任职要求，我们可以发现：不同领域或不同类型的产品，对产品经理的能力要求有着很大的差别。

虽然不同领域的产品经理的职责相似，要求掌握技能也相似，但针对不同细分行业，仍有巨大差异。每个人对一项行业要想深入了解，都需要花很多年在该行业钻研，如果在职业发展后，不断更换领域，对行业的了解势必不会很深入，呈现的产品也很难尽如人意。

我还咨询了某互联网电商企业的 HR，主要问了两方面问题，一是在选择产品经理时，是否会看重产品经理在电商领域的工作经验，二是招聘电商产品经理又有何不同？

关于第一个问题，HR 给出肯定答复：一定会看重产品经理在电商行业的工作经验，在选择候选人时，即便某名候选人是名校名企出身，但没有电商行业的工作经验，录用的可能性并不高。

关于为什么会如此看重产品经理在细分领域的工作经验，HR 从以下两个角度给出了企业方的看法。

- **提高效率，减少成本，降低风险**

进入到一个新行业，任何人都需要花时间去学习、去沉淀，对于企业方的招聘需求来说，他们要招的是产品经理而不是产品助理，产品经理的了解新领域时间对于企业来说是种浪费，企业方更倾向于招到一个能够"快速执行"的产品经理。

- **常换领域的员工和常跳槽的员工同样不安分**

HR 在看简历时，通常都不喜欢频繁跳槽的员工。面对工作经验久且跳槽次数少的员工，HR 会去观察他们从业的领域够不够"专一"，对于产品经理这一方面的要求更为严格，常更换领域的产品经理会让 HR 觉得不可靠，在有同样资质的几个候选人里，企业方更倾向于"专一"的产品经理。

仅拿电商类产品经理来说，工作职责便与其它细分领域的产品经理完全不同。电商类产品经理重数据，不会在交互原型上花费过多时间，更需要关注系统搭建和优化，并且，电商的中心考虑也有所不同，虽说产品经理都是要将用户体验放在第一位，但电商类产品经理的职责是以订单为中心，并不是以用户为中心。

从 HR 给出的建议来看，不难明白：为何专注某一细分领域的产品经理在后期更容易获得高薪。薪资是由市场需求来决定的，越是稀缺性人才，薪资自然越高，未来的产品经理职业发展趋势更是倾向于细分者得天下。

5.2　产品经理应有清晰的职业发展路径

再看我们的候选人 A 与 B 的工作历程。

A 毕业于 2004 年，普通本科，2005 年来到北京开始从事产品经理岗位，以下是他的工作历程。

2005 年至 2009 年：工作职责是专注基于互联网的企业管理软件产品规划和设计；研究 CRM、EIP、ERP 等理论、方法、策略和实现。

2009 年至 2010 年：工作职责是对公司的客服管理系统进行需求调研，并依据 CRM 理念进行需求分析和功能完善；负责 CRM 产品的开发过程协作。

2010 年至 2013 年：工作职责是构建中小微企业管理信息化生态建设，公司 CRM、企业级业务运营支撑平台的产品规划和管理。

2013 年至 2014 年：工作职责是负责电商云 B2C 业务模块的产品规划。

2014 年至 2016 年：工作职责是负责公司产品 B 端 CRM 系统的规划与设计以及团队管理。

毫无疑问，这是一份非常漂亮的简历，职业发展方向清晰明了，可以看出 A 专精企业管理信息化和互联网产品管理领域，有着明确的职业规划，且大部分工作都在企业就职 3 年以上。2013 年后的两份 offer，均在国内巨头互联网企业，如今年薪 53 万的 A 正在观望新的机会，手头目前有年薪 60 万的 offer 正在与 HR 进一步沟通中。

B 毕业于 2007 年，各校毕业，2007 年起在北京开始工作，以下是 B 的工作历程。

2007 年至 2009 年：工作岗位是开发工程师。工作职责是负责服务器端系统开发。

2009 年至 2011 年：工作岗位先是开发工程师，后是产品经理，在该公司内做出产品经理的职业转型。该公司产品为企业管理软件。

2011 年至 2012 年：正式成为产品经理，公司产品也是企业管理软件。

2012 年至 2013 年：进入旅游类领域，公司产品为旅行分销系统。

2014 年至 2015 年：负责公司旅游 web 端产品。

2015 年至 2016 年：进入医疗类领域，负责该公司的移动端 APP。

如今 B 年薪 33 万，也在北京观望机会，对年薪的最低要求为 30 万，上一份工作，在试用期内，与上级发生观点冲突，最终离职。再看 B 的工作历程，每份工作的时间都不长，且他原先有着多年开发经验，后做出职场转型，6 年时间涉足 3 个领域，产品类型也不同。

对于 B 的职业发展路径以及现状，我给出以下看法。

- **经验丰富，但不出彩**

拥有丰富工作经验的 B，所获得的年薪是与北京产品经理平均年薪持平的，但对比同等工作经验的产品经理，B 的简历或年薪并不算出彩。

- **技术转型，比较盲目**

B 做出职场转型时是在 2009 年至 2011 年期间，产品经理在中国的热度开始上升是在 2010 年左右，那几年，产品经理的薪水不断飙升，一度是互联网行业的岗位中平均薪水最高的，让很多技术人或市场人甚至非互联网行业的人试图转行产品经理，从 B 之后不断换领域来看，可以说 B 当时的转型是比较盲目的。

做出职场转型，一定要三思而后行，不可看见市场上的岗位热度，做出盲目选择，技术和产品虽然有共通之处，但差异很大，而且，即便是产品经理，不同产品经理之间的工作职责差异也很大。

目前，产品经理可细分为：移动客户端产品、web 产品、用户产品、客户产品、社区产品、社交产品、内容产品、工具产品等。

不同各类的产品差异巨大，甚至工作逻辑可能是截然不同的。例如，社交网络的产品经理和企业服务的产品经理，面对的用户群体完全不同，前者 To C，后者 To B，用户群体的不同也造成产品经理的工作职责不同。正如前文列举的电商类产品经理的例子，在某个领域内做到资深，更容易受到 HR 的青睐。

Airbnb 在不同阶段招聘产品经理时，所要求的类型更是完全不同。在验证产品 / 市场相匹配前的阶段，Airbnb 需要拓荒型产品经理，要求了解挖掘用户需求和了解产品与市场的匹配度。在公司迅速扩张阶段期，Airbnb 需要移民定居型产品经理，要求了解用户转化过程和功能对用户的影响。在公司稳定后，Airbnb 需要城市规划型产品经理，是产品平台的管理者，要求通过指标衡量平台产品是否成功。

从 Airbnb 的案例来看，可以发现，随着公司的规模越大，对产品经理的细分领域要求就会越高，Airbnb 在前期，仅需"拓荒"，了解用户需求和产品与市场匹配度为首要原则。这之后，需要移民定居型和城市规划型产品经理，从需求类型上便明显看出，这是对产品经理专业性领域的直接要求。

互联网行业的资本狂热期已过，在市场回归冷静后，企业对产品经理的要求将越来越高，而细分领域的经验，是重要的考核标准之一，也是未来的行业发展趋势。专注在产品设计上的产品经理在招聘市场上慢慢处于饱和状态，分工精细化和专业化是必然趋势。

产品经理薪资高或低，发展好与坏，与他工作多年来的领域从业经验成正相关，即：在某一细分领域下耕耘的产品经理，发展会越好。

关于产品经理的细分，从互联网领域来细分，产品经理可分为 O2O 类、电商类、企业服务类、社交网络类、游戏类。从需求领域来细分，产品经理也可分为移动端类、后端类或策略类。

随着互联网行业的发展，企业对产品经理的要求将越来越高，无论是专业程度还是领域经验。

无论是哪一种分法，产品经理需要正视起行业目前的发展方向：产品经理的专业领域将越来越细分，薪资更受到该细分领域下的影响。

接下来，我们看一个具体案例。

夜幕降临，中关村依然灯火通明，玻璃幕墙折射出金属光泽。加班，在北京互联网行业已为常态。文珊，产品经理，3 年工作经验，她也是加班族中的一员。

2016 年 12 月的北京，雾霾与往年一样严重，文珊在加完班后，接受了此次采访，她在电话中的声音未如我想象般疲惫，用她的话而言便是：习惯了。

根据数据显示，国内轻度加班（每周工作 40 ～ 50 小时）的互联网人达

42.86%，严重加班（每周工作 50 小时以上）的互联网人达 23%，80% 的互联网人在晚上 23 点后入睡。

面对这个数据，文珊很平静，自嘲道："应该不止 50 小时，至少我认识的"产品狗"们，每周工作时长都远超这个数字，至于晚睡，那是常态。"

令文珊感到苦恼的，并不是加班，也不是薪资，而是突破口。在互联网行业的初创公司里，她觉得产品经理的"地位"显得有些尴尬，一家创业型公司，通常需要数名程序员、设计和一两个产品经理。

在大公司里，产品经理的人数没这么尴尬，大厂出身的文珊，很是不能适应。

在产品的开发过程中，即便是在氛围开放的互联网公司，产品经理们也常常被夹在开发与设计师中间显得为难。

"一方面是与设计师们的冲突，很多需求在 UI 那边是觉得不合理的，但我们很难真的去说服设计师们，他们会怪你没审美。另一方面，技术那边在实现不了我们的需求时，会让我们修改。不过，这些都是新手期的问题，工作 3 年之后，与产品、设计之间的沟通已不会再让我头疼，现在让我感到困扰的，是未来的发展。"

在互联网行业的职业发展上，与存在已有的技术、设计对比，产品经理未来的路显得不是太清晰，它是极为新兴的岗位，起薪较高，可发展空间对于多数人来说，还是个未知。

在非互联网行业的产品经理看来，互联网行业产品经理享受着高薪，是很好的职位，对于身处互联网圈的产品经理来说，很多人都纷纷表明：我不知道下一步该怎么走了，职业发展只有"管理"可行吗？又如何转"管理"？如何去"管"？

互联网行业的产品经理，没你想象得那么风光。

产品经理在互联网公司升职的可能性较低，首先是初创企业多数不需要那么多产品经理，往往一个产品总监带几个产品经理，在成熟的大公司，产品经理的上升之路相对于设计、技术来说也显得很窄，通常产品经理最终也是产品主管，负责管理的依旧是不多的几名产品，虽然话语权强了，但成就感依然低。

另一名在初创互联网企业的产品经理在接受我采访时如此说道："当高管、创业，对于多数人来说，还是比较难的。很多产品经理起初都会希望专心做产品一辈子，但到了 30 岁后，都会感到恐慌，会考虑是不是真的要做一辈子的产品吗。这个时候，就不得不考虑转行了，很多产品经理，最终都没能熬下去，选择了转行。"

对于产品经理来说，面对职业规划，愿意一直"做产品"的人往往很少，可在互联网大环境下，产品经理们面临着诸多困难。

产品经理们为什么在互联网行业遇到这些瓶颈，我综合多方建议，分析原因，得出以下结论。

● 行业性质所导致

互联网行业的性质注定了产品经理会处于"职场弱势"，在众多人之间看似很有话语权，实际上却要不断沟通，才能稳住局面。这是由市场需求决定的，互联网公司会需要大量的程序员开发产品，从企业的员工占比率来看，互联网公司对产品经理的需求量其实没有想象得那么多。

● 行业缺少经验

很多产品经理，即便升为管理，也没多少特别的优势，像张小龙这样的个例，其实都不能称为产品经理了。不少产品经理，会在互联网行业中上升时，职业发展路径显得有些"混乱"，这是因为互联网行业本身并没有太多的"产品经理发展途径的经验之道"。

● 整体水平所限制

互联网行业在国内是新兴行业，产品经理等概念被广为人知也只是近几年的事。对于产品经理这类新兴岗位，企业会需要精尖人才，如今招聘市场上能真正满足企业的优秀产品经理仍是少数，再加上很多人见产品经理火了，更多人想要在其中分一杯羹，使得整体水平始终无法上去。

现实中有很多因素，会导致一门岗位能不能获得长远发展。产品经理在互联网行业相对"弱势"是现状事实，不过，不代表产品经理在互联网行业没有好的发展，毕竟，对比其他行业，互联网行业产品经理的待遇水准较高。

产品经理在互联网行业，未来真的无路可走？

产品经理，在互联网行业目前的待遇究竟如何？我调取了一些数据，来看看北京的互联网行业产品经理的待遇。

我所抽样调查的产品经理，普遍为工作 3 年以上的互联网从事者，多数产品经理的平均年薪都在 20 万左右，对比互联网其他岗位，这份薪水并不算太高。

诚然，互联网企业对产品经理的重视程度非常高，可是产品经理们往往难以找到适合的发展道路。其原因一是大多数产品经理在创业公司，很难得到职场上升空间，二是产品经理的薪资虽不低，但涨幅空间比起程序员来又显得很低。

从现状而言，产品经理在互联网行业未来的发展路线基本只有三条路：专精本职、升职管理、转行。

听上去，似乎产品经理在互联网行业的现状，还真是水深火热！

先冷静冷静，从各方面数据来看，在互联网行业，产品经理是一项"起薪高、成长快、上升缓慢"的岗位。综合各方面的意见，我认为，产品经理在互联网行业处于"弱势"是假事实，实际上这个岗位仍有着较大的发展空间，理由有二：

- **产品经理在互联网行业是新兴行业，尚未成熟**

互联网行业的产品经理，岗位在国内太过新兴，还有很大的发展空间。

这是一个"野蛮生长"的过程，在十几年前，互联网行业刚刚在中国起步时，也未有多少人料到程序员的巨大潜力，在 Apple 席卷全球前，也未有多少人预测到 iOS 程序员会在 2014 年一度成为热门，随后热度又渐渐消散。

正是因为岗位、行业处于发展初期，才有着更大的潜力。

- **互联网行业对产品经理的重视程度将越来越高**

2016 年，新人产品经理在招聘市场上屡屡碰壁，并不是意味着这个岗位在互联网行业不再吃香，恰恰相反，随着互联网企业越来越发现"产品"对用户体验的重要程度后，企业对产品经理的要求越来越高，势必带来一番良好的发展。

对比十年前的网站页面、手机页面、电脑软件页面，我们能够看见的，不仅仅是设计师审美的提高，而是发现互联网企业对产品重视程度的提升，体验的优化和美观，功劳可不全在设计师身上，产品经理也有很大的功劳。

十年时间，产品经理在提高审美上，也起到了至关重要的作用。

产品经理文珊在采访尾声时，面对"未来有何打算"这个问题时，她沉默了一会，拿出手机，打开一个热门 APP，说："仅仅是这个 APP，你每天都会打开数百次，在当代社会，你所接触到的绝大多数事物，都与互联网有关，你的口味也会越来越刁钻，而我们产品经理，正是要面对被我们培养得越来越刁钻的用户，你认为中国互联网很成熟了吗？互联网行业才刚刚发展起来。像我刚刚说的，你所做的一切，都会与我的工作有关，那么，对于未来的打算，答案是显而易见的：继续做下去，这很有意义。"

文珊并没有给出直接的回答，但产品经理们在互联网行业的发展，正如她言语中透露的含义，也正如我们前面得出的结论：不会越走越窄。

虽然，如今产品经理在互联网企业的确显得有那么些尴尬，处于"迷茫期"，发展路径较为狭窄，但互联网的热门岗位也面临着同样的问题。关于"35 岁的大龄码农去哪里了，还有没有写代码""30 岁的程序员要不要转管理"，我做过很多探讨，专精于技术的程序员也不少。

身处互联网行业的产品经理，正处在一个发展期，面临无数挑战和未知，越是未知，越是规则尚不明确，未来的红利将越大。

只要做到专精，即可成长。

在这个过程中，我也希望产品经理能够先理解拒绝的真正含义，并学会拒绝。

收获是成人最看重的东西，无关情谊，只关乎利益。

我曾以为，"拒绝"是必须要学会的事情，它代表着掌控自己时间的决心，代表着不愿为无用社交付出太多成本的觉悟。后来我发现，其实并非如此。

真相是：总是在"拒绝"的人，往往不被重视。

我听过很多抱怨，例如面对朋友要求免费"做设计""写文案"，不好意思要钱又不好意思免费，我曾也是这些抱怨者中的一员，恨不得把"我做产品很贵"写在脑门上，拒绝掉所有不怀好意想占便宜的人。

那时我得意洋洋：看，我学会了拒绝别人，所以我收获了更多个人时间。

写了很多年后，不会再有人找我"免费想个点子"了，更多是"我这有个合作，你看能不能做，价钱是这样的"。

是因为我懂得拒绝了，才让别人懂得尊重我的技能吗？

并不是。

多年前，我总是需要靠"拒绝"才能换取时间、换取尊重。其实，"拒绝"是伪前提，真前提是：那时大家都认为我能写，但不认为我写得有价值，才会有所谓的"帮我写一个呗"。

多年后，我很少去拒绝别人了，不是因为不敢去拒绝，而是需要拒绝的时刻变少了，背后的意义是：我变得强大了些。

所以，问题和答案的关键不是"你善于拒绝而收获了什么"，也不是"你有没有去拒绝的底气和勇气"，而是"你何时可以不用拒绝"。

我给的结论，似乎和主流价值观有些违背了，众人仿佛已经接受了这样的定论：你只有敢迈出拒绝这一步，才能收获自己的时间。

不，真不是这样的。

一个人的价值，和他会不会拒绝无理要求没必然联系，有价值的人，敢于向他提无理要求的人自然会很少。

比如说，你读书时，敢向老师要求作业布置少点吗？敢要求老师免费当你家教吗？

你不敢。

又比如，你工作时，敢向老板要求薪资立刻涨 3 倍吗？敢要求他给你产品总监做吗？

你不敢。

为什么你不敢？是因为你知道你一定会被拒绝。

那些总是向你提"无理要求"的人，也许并不是他们太无理，而是因为你太无能，哪怕你用拒绝赶走了一批批人，还会有新的人向你提出无理要求，而你，还是要用"拒绝"换取"收获"。

这样的拒绝，没有价值。

诚然，合理拒绝无理要求是一定没错的。

所以，面对不喜欢的人或事时，忍耐为下策，拒绝为中策，化解才是境界最高的上策。

善于拒绝的人，的确能收获很多，但不一定能收获人心。正如我最开始说的：收获是成人最看重的东西，无关情谊，只关乎利益。

我总想起有位算得上优秀的朋友，他常和我灌输"强大的人都懂得拒绝，因为他们根本不需要他人帮助"这类理念，他在生活和工作中无情拒绝了太多人，后来发展得也不错。

他在网络上写了很多产品类的文章，平心而论，干货满满，绝对原创。

谁料有一天，他被人在网络上诬陷抄袭，一时间传得风风雨雨，熟知他的人都知道他不可能抄袭，可就是没人愿意站出来替他说话。

他急了，找各位同行，都被"风口浪尖的我也不方便，你避避就好"为由而拒绝。

太过精于计较得失，你拒绝掉的也许不仅是无效社交，而是人情。

我们总是在讨论"如何拒绝""拒绝可以收获什么"，却不冷静下来想想：靠拒绝换取的收获，真的长久吗？

我曾因拒绝得到过什么，也因拒绝失去过很多，其中利弊，只能自己懂，无理的，自然要拒绝，无伤大雅的，帮一帮又何妨？

最后，我想说的是：收获，与拒绝仅是相对关系，而不是绝对关系。

为什么说要学会拒绝，并明白拒绝的意义？因为，真正懂得拒绝并没人能让你使用拒绝的产品经理，往往已经排除掉无数无效信息，可以开始专精了。

那么，看似热门的产品经理，走专精这条路，真的万无一失吗？我们来看一个案例。

"27k，16 薪，虽然不太理想，但是达到基本预期。"张建对最终接受的 offer 似乎有些不太满意。

细算下来，这位产品经理的税前年薪为 43.2 万，据市场价来看，这份薪资较高。

张建，硕士学历，4 年工作经验，换过 3 家公司，有过创业经历，最终拿到手的 43.2 万税前年薪，虽然不算超出其他同等条件下岗位薪资水平太多，但可以看出来，这是一份不错的薪水。

产品经理在招聘市场上的待遇究竟如何呢？

产品经理是互联网社区的热门话题，从网络社区的火热讨论来看，产品经理已成为最高热度的互联网岗位之一了。在国内，产品经理的热度也在近几年被引爆，产品经理的百度指数，在近两年明显升高。

在网络社区上，对产品经理的探讨是非常火热的，随着越来越多的人为他们带来工作与生活上的便捷，关注者们开始慢慢关心产品经理的发展现状、前景与薪资。

一个岗位在网络社区成为热门话题不等同于它高薪，也不等于市场需求量大。关于产品经理在互联网社区的红火，以及结合张建个人的案例，让我们不禁有了一个疑问：看似热门的产品经理，在招聘中吃香吗？

5.3　产品经理的现状与待遇

张建的案例仅属于个人事例。无论是人均面邀数还是平均面邀年薪，产品经理都排在较高的位置上。对于不同规模的企业来说，除了未融资和不需要融资的企业，产品经理的薪资呈企业规模越大薪资越高的趋势（上市公司开出的平均年薪比 D 轮公司略低）。

此外，各个城市的互联网公司也开始纷纷招聘产品经理。

从薪资报告和各城市薪资数据来看，产品经理在当下的待遇挺不错。目前，产品经理在市场上的需求已经非常高了。

除去不同公司规模以及不同城市对产品经理的需求指数外，我们再看看不同时间段企业对产品经理的需求变化。

此次我们统计了 9 个季度（2014 年 7 月至 2016 年 9 月）以来企业对产品经理开出的总面邀数。

从 2014 年 3 季度至 2015 年 2 季度，产品经理需求量一直在上升。2015 年 2 季度至 2015 年 3 季度需求量略微降低，往后需求再度上升，于 2016 年 2 季度达到峰值，2016 年 3 季度需求再次略微降低。

从整体需求来看，产品经理在招聘市场上的"流行程度"也是在逐步上升的。

我们需要正视产品经理的"流行程度"，如果问它能不能像各热门编程语言程序员一样，可以不选择领域，便能被各主流公司广泛使用，结合目前的市场需求来看，近年来是不会流行到那种普及程度。

产品经理的未来，必然是细分的。

那么，产品经理的未来薪资，究竟会朝怎样的方向发展呢？

薪资的变化始终符合经济学原理：价格由供需关系来决定。

例如，依旧拿程序员的案例来讲，C、C++ 程序员的市场需求在减少，但优秀的 C、C++ 程序员依旧相对稀少，稀少供应让优秀 C、C++ 程序员薪资丰厚。

再例如，前些年 iOS 平台崛起，iOS 平台的开发需求提高使得 Objective-C 程序员的薪资水涨船高，但随着需求减少，iOS 程序员不再吃香。

回到产品经理来，在国内，从前文数据来看，产品经理的需求量的确在上升，但是应用范围依旧比较局限。另外，国内大学普遍没有开设和产品经理相关的专业课程，这也使得产品经理在国内的普及不会很广：绝大多数人都是跨界的，而不是所谓科班出身。

不过，既然大多数产品经理都是自学成才，或者在公司里慢慢从助理做起，而没有在大学经历过产品经理教育，那么但凡有些成绩的产品经理，基本都是愿意刻意学习的 T 型人才，多半有着较强的学习能力以及敏锐的市场趋势察觉力，他们综合能力、职业素养较高，这也是如今产品经理薪资普遍较高的原因之一。

产品经理的薪资高，原因并不仅仅因为在风口上这么简单，更重要的是他们具备的工作能力。在互联网人才流动中，自学能力强、对新技术敏锐的产品经理基本都会有好的发展，获得丰厚的回报。

在互联网社区热门的产品经理，在未来的招聘市场，会有不错的发展方向。

并且，由上文我们也得知，国内鲜有产品经理最开始就是专精的，基本都是跨界而来。专精，专的是多领域中的精选领域，怎么选，是由你来决定的。

第 6 章

有经验的产品经理，跳槽如何选 offer

跳槽时，如何应对面试，如何选 offer 呢？

这里，我先说一个关于跳槽的经典成功案例。

年薪是多几万还是少几万，对杨瑶来说，已没那么重要：年薪已不是他的跳槽首选标准。

杨瑶说："基于我过去 10 年的工作经历，我希望能找到这样一家公司：有精英同事，产品运作良好，并且技术氛围浓厚，业务量大。"

10 年，杨瑶从传统企业来到互联网公司，从初创企业到阿里巴巴，从 UI 设计师到产品经理，他的个人经历，就如同无数当代求职者的心路历程：渴望找到更好的机会。

为何要跳槽？

杨瑶在半个月前入职了阿里巴巴，P6+ 级别，年薪近 50 万。他有 10 年工作经验，这是他的第 5 份工作，平均两年半跳一次槽，每跳一次槽，新公司的规模必定比上一家大。

"我更倾向于在一家公司待足够长的时间，不太喜欢跳槽。"杨瑶给咖啡续了杯，看着我的眼睛，说："我每次跳槽，都几乎是团队里最晚离开的员工。"

2006 年，他刚毕业，在游戏公司做 UI 设计师，月薪 2000，工作没多久，公司便被合并。杨瑶看见公司经营不善，被竞争对手合并，初入职场的他开始认真思考职业方向，他在跳槽前做了一个很重要的决定：转行，做产品经理。

2009 年是杨瑶从事产品经理第二年，他在被提升为 Leader，在他离职时，薪水涨了两倍。

"这份工作的后两年，我感觉我走了弯路，技术上到瓶颈期，无法再提升。并且，我虽然在所谓的互联网公司，但这家公司并没有互联网氛围，而是打着 O2O 的旗号去做房地产。我想，在外面的公司，优秀的产品经理也很多，随着年龄增长，我害怕自己失去核心竞争力，所以想去大型互联网公司看一看。"

2011 年，杨瑶来到了新公司，这家公司体量很大，当时刚做互联网转型，杨瑶负责的公司产品依然是"从无到有"。起初，他很有成就感，他说"有种在创业的感觉"。

两年后，杨瑶再次感到厌倦：即便新公司有着很强的实力背景，但依旧在用传统思维在做互联网产品。杨瑶带领团队，花了很多精力，按管理层要求推出了10 款大同小异的产品，放到市场去实验，但销量都没什么起色。

竞争对手是家融资额惊人的互联网公司，在之后推出了相似产品，销量非常出色。

杨瑶发觉，他的工作内容，始终是在重复着，并且，为业务花去的精力太多，偏偏公司的业务体量不理想。杨瑶更加坚定几年前的想法：成为一名出色的产品经理，或者说，成为一名互联网精英职场人士。要达成这个目标，需要在一家更专业的大型互联网公司打磨几年。

此时，杨瑶的月薪已有 30000 左右，他已不看重年薪，而是看重更好的机会和更好的发展，让自己不要失去核心竞争力，在未来陷入中年危机，杨瑶再一次选择了跳槽。

2014 年，杨瑶通过朋友内推，跳槽到一家 D 轮公司，面试他的 CTO 曾是阿里巴巴的 P8 级别。他很快入了职，带三人团队，年薪近 50 万。即便如此，杨瑶还是在两年后离开了这家公司，朝着他最期待的目标而去。

当我问起为何跳槽时，我隐约听见杨瑶一声难以被人察觉的叹息，他很小心翼翼地说："他们……业务量始终上不去，工作久了，我难以体现我的个人价值。我很欣赏招我进来的 CTO，可惜我入职不到 3 个月，他就走了。一年时间，公司竟换了两个 CTO 和一个 CEO，原因都很简单：产品思路不清晰、业务体量无法提升。"

杨瑫最后还是来到了阿里巴巴面试，最终入职。杨瑫入职半个月后，我们与他见了面，逐渐了解了他每次跳槽时的心态转变，他也向我们透露了为何一定要去大公司。

对于 31 岁的杨瑫来说，他不再担心年薪，他更担心陷入中年危机，在时代的浪潮中失去核心竞争力。每一次跳槽，他都有着充分的动机。

提起从 UI 设计师到产品经理的经历，杨瑫和我们分享了一段心路历程：源于一个同事。

让杨瑫想要成为产品经理的同事，并不是产品经理，而是他公司的一名前端。

那年，杨瑫去了一家传统型创业公司，正在转型做互联网产品，他在工作对接中，得知刚刚成立的互联网事业部小组里只有一个前端，而且仅有两个月自学经验，面对新工作一度无法开展下去。

杨瑫曾一度想要提建议开除这个前端，但是，在 3 个月后，那位同事技术突飞猛进。

原来，这位前端为了让自己成长，开始抄写公司正使用的项目源码，共 8 万行，他花了 3 个月时间抄完。

同事对杨瑫说："最开始抄源码时，我很痛苦，每一行都看不懂。那段时间，我每天下班后便关掉 QQ，不玩游戏，一行行抄写，遇见理解不了的，就上网搜或者问人，前 2000 行我花了一个月才抄完，因为理解需要时间。3 个月之后，我发现我突然能解决大多数问题了。"

这位同事，在跟杨瑫一起工作的那年里，依旧保持着当初抄写源码的习惯，抄完好几个后，杨瑫同事发现"技术都是相通的"，他需要更多的机会去提升自己。杨瑫同事的努力也让他换来一次又一次更好的机会，在之后的工作中，他养成一个好习惯：每隔两三个月，会独立写一些东西，给公司上级看，再应用到公司的产品里。

那些工作，并不在他的职责范围内，但他仍去做。

两年内，他已经可以独立负责开发官网、客户系统、微信号、系统数据可视化等。

同事激励了杨瑫，也让杨瑫有了巨大的危机感：仅仅这样一家称不上纯互联网公司的地方，都会有人这样不断磨练自己的核心竞争力，那么，外面究竟是怎样的呢？

杨瑶产生了转型产品经理的想法。

正如前文所说，杨瑶不满足于上一份工作的环境，他说："起初想离开的原因，还是源于公司内部，等到看见外界的优秀人才时，更会有心理落差，我会思考，如何能像他们那样。"

杨瑶理想的工作氛围是：如同 BAT 般，高效、精英。所以，杨瑶权衡利弊后，再次选择了跳槽，最终，他如愿以偿，拿到了阿里巴巴的 offer。

"我依旧认为，要想成长，还是去巨头企业，而不是初创企业。我走过很多弯路，如果从头来一遍，我不会做出当初去传统行业互联网部或者创业公司的决定。"

为什么而工作？

杨韬是典型的互联网精英人士，追求高效、平等，认同体系、规模，拒绝平庸、无序，所以他的选择是通过自身努力，一步步来到自身想要的工作环境，他无法忍受"不够强大的技术团队""大牛不多的初创企业"。

我们见过很多"逃离 BAT"的人，选择到一家初创企业打拼，薪资也没有因为"名企光环"得到多大的改善，杨瑶与他们恰好相反，他用了 10 年时间，终于步入巨头公司，体现了他所强调的个人价值。

"我理解他们所想的，那些从 BAT 出来的人为何愿意接受一份薪水还没以前高的工作。他们在巨头企业，拿着高薪水享受高福利，可他们也许也在怀疑个人的价值，他们更想做更具创造性更有爆发性的工作，离开名企后，或许薪资有降低，但他们在初创企业能有自己的团队，能从 0 到 1，从 1 到 100 去创造些什么。"杨韬顿了顿，像是将自己代入到他们的情境中，"我不知道你们选择一份工作是怎么想的，但是对于我来说，换工作的原则依旧是能不能体现个人价值。"

不少离开巨头公司的人，都不甘心做一颗螺丝钉。杨瑶笑了笑，喝了口茶，说，"我理解他们，在巨头公司，你有时候的确像颗螺丝钉，可是，离开巨头公司，有时候你连螺丝钉都做不了。我始终认为，先将本职工作做到最好，再去考虑综合发展。我朋友做到阿里巴巴 P8 级别后，去了创业公司当总监，仅用了 30% 精力就完成了那家公司的技术问题，这个时候他就可以用剩下的 70% 精力去扩展其他方面，例如产品、市场等。如果你连本职的部分都要耗掉 200% 的精力，又何谈综合发展呢？例如我刚工作时，全部精力都用在了学习做产品上。"

如今，对于年薪 50 万的杨韬而言，年薪早已不是他的追求。他反复强调"工作的最终价值"，他时常提起在初创企业的一些工作细节：莫名被打断工作节奏、无休止无意义的会议、团队成员工作能力弱导致项目不断拖延、业务量始终无法见到明显增长……

杨韬无法接受这种不稳定的工作氛围，他不断思考：工作最终要给自己带来什么，要给公司带来什么？

他最后得出的答案是：要带来价值。

杨韬 4 次跳槽的原因基本都一致：目前所处公司业务很难再有质的提升了，也不能再给他个人带来技术、思想上的进步了，他需要更好的机会。

他将分工不明确、体系不健全的初创企业形容为"正处青春期的男孩，难以掌控"，他所期待的工作环境，是更为成熟健全又不失前瞻性的互联网企业。

他用了 10 年，终于找到自身最期待的工作环境，他说，"这是迁徙后的胜利。"

某种意义上，杨韬这场"从初创企业到巨头公司的迁徙史"也可视作当代精英职场人心理变化的一个缩影。杨韬的迁徙让他体现了他最看重的个人价值，当然，从 BAT 逃离，来到初创企业，追求更多发展的候选人也做出了正确的迁徙。

"你认为你最终的选择正确吗？"

"正确。"杨韬回答，语气依旧小心，用词依旧简单。

杨韬的跳槽案例是成功的，属于典型的从跨界到专精。当然，也有失败的跳槽案例，在此写出来，希望给你带来启发，帮你少走弯路，也希望通过这些失败案例，告诉你产品经理在跳槽时如何选取 offer。

选错了 offer，会给你带来非常恶劣的影响。

在深圳某初创企业做产品经理的林先生，当初冲着这家企业名气很大而加入，入职后才发现过于年轻的 CEO 并不如网络上的文章写得那般优秀，常将公司内部弄得人心惶惶。当原始团队因 CEO 个人原因彻底解散，林先生准备离职时才发现：公司扣了他的个人所得税，却没有为他上交，通宵加班也没有换来上司曾经承诺的股份与加薪。林先生这才猛然发现自己选了个烂 offer。

林先生轻信了当初上司为他画的大饼，到最后，浪费了时间与精力，也没能弥补损失，他最终选择了跳槽。

而你，为什么跳槽呢？

你能给出的理由有很多：不喜欢上家公司、对薪资待遇不满意、完善自身职业规划……无论是哪一种理由，无非是希望下一份工作会有更好的发展，当你跳槽时，你会拿下多份 offer，你不会希望错误重蹈覆辙，所以，选 offer 时需慎重。

在选 offer 时，如何避开烂 offer？

烂 offer 有哪些特征？

谁都不想拿到烂 offer，但能在面试期间就能避开公司的那些坑、识破上级画的那些饼的人并不多，我收集了诸多案例后，总结了候选人们在跳槽前曾迈入的那些坑，有以下两种。

- **低薪高期权**

这类现象大多数发生在初创公司上，大多数初创公司的资金并不充裕，在招聘时，他们无法给候选人开出高薪，为吸引人才选择他们，往往会承诺给比较多的期权，可到最后，初创公司倒闭了，期权无法变现，而当初的低薪会成为跳槽时的"绊脚石"。

其实，大多数初创公司的期权都是没有用的，具体情况如下。

a. 初创公司画饼

A 创业公司，招人时老板总谈降薪拿期权。当某员工降薪拿期权进入 A 公司，工作了一年多后，他发现公司的成长完全不及预期，失望之下，他试探了下外面的机会，发现同类型职位的薪资竟然是现公司的 2~3 倍。

b. 成长型公司打土豪易、分田地难

B 公司，国内风光一时的互联网上市公司，曾经期权是他们 offer 中重要的一环，不过，承诺最终难以兑现，随着原先许诺好的期权变成了 18∶1 换股，早期员工也失去了憧憬。

c. 上市公司的成熟分配机制

以阿里、百度、奇虎等大公司为典型。期权被视为一种长期激励，而非利益捆绑。对优秀员工的激励方式是高薪资 + 部分期权。大公司由于已上市，兑现相对容易。

- **承诺未兑现**

有个产品经理候选人，曾有过一段不愉快的经历。

该候选人的上家公司在国内名气不小，产品口碑不错，公司内牛人也多，候选人在做了几番调查之后，比较认可这家公司的实力，决定加入这家公司做产品经理。面试时，面试官在宣讲了公司背景和实力后，和候选人谈好各方面条件，欣然邀请他入职，负责某个产品。

候选人未料到，入职后他的直属上司并没有让他负责他本该负责的产品，而是语焉不详，让他去做其他的工作，说是要再考察一段时间，也没有说考察多久，更没有说为什么不让他做原来的产品，该候选人和公司谈了数次也没有结果。

所以，并不只是初创公司爱画饼，不少有一定规模的公司也会为了获得人才而画饼。这类公司往往承诺加入后可以给什么职位或者做什么项目，当候选人真正入职后，才发现给的职务或者做的事情不是当初承诺的。

那么，如何避开烂 offer 呢？

有位候选人在选取 offer 时，给我留下了深刻印象。该候选人在拿到 3 个 offer 后，根据其现阶段的 3 个需求：地点、薪水、稳定程度，来给每一个 offer 打分，评分最高的，作为最终选择。

这名候选人对目前的工作非常满意，正是得益于他在选取 offer 时有一套较为科学合理的衡量标准，所以成功地避开烂 offer，选择到令他满意的工作。

在我采访了多名这类候选人和咨询了多名 HR 后，我建议在跳槽前考察清楚以下四点，以避开烂 offer。

- **团队**

选择一个 offer，一定要了解全面信息，包括该公司的工作内容、团队架构和团队氛围，以及公司的资金链，信息越全面越容易避开烂 offer。

有位产品经理候选人，面试官为他画了个虚幻的大饼，承诺说会给他一个三人团队，并且将产品规划说得天花乱坠，工作直接汇报 CEO。该候选人对比了其他几个 offer 后，他最终选择这份听上去很美好的 offer，入职后，他意识到自己选了一份烂 offer。

承诺的三人团队并没有兑现，该公司环境堪忧，管理制度漏洞百出，产品规划更是可以用"混乱"来形容，工作汇报也另有他人。当该候选人问什么时候兑现团队和该有的福利时，得到的答案永远是正在招人，福利也再等等。

这名候选人便是在入职之前没有认真去了解该公司的背景，盲目听从面试官画饼，导致选取了烂 offer。

大公司大平台也有烂 offer，一定要了解入职时什么部门、什么业务，尤其是大公司，如果不是核心部门，做的不是核心业务，那就要慎重考虑。

如果手上还有其他 offer，选那些看起来不那么大的公司，但可以接触企业核心业务的 offer，对成长更有利。

- **薪资**

收入的稳定性很重要。

如果是一家发展前景不明朗的公司，有一个比较高的初始薪资，很可能仅仅只能拿几个月。要综合考虑企业所处融资阶段、业务是否稳定、团队是否可靠，这些因素能很大程度上影响薪资的稳定性。

我曾听说过这样一个案例：有 6 年工作经验的 Lin 是一名优秀的产品经理。两年前，Lin 加入了朋友开的一家 O2O 领域创业公司，成为技术合伙人，红利期时大家都热血沸腾，也收益颇丰，当 O2O 热潮过后，Lin 所在公司很快也遇到资金供应链断裂的问题，Lin 决定离职，老板用股票变现的方式挽留他，Lin 依旧选择离开。

Lin 的选择是正确的，在他离开后不久，团队就解散了。

当初创企业开出高于你实际水平的薪资时，你需要认真考虑，仔细考量这家公司后再做决定。

- **产品**

如果该公司的产品没有亮点，并且市场上很多同类型的竞品且做得很好，那么，这家公司的 offer 要慎重考虑，因为没独特之处的产品很难有出头之日，甚至会为公司的稳定性带来影响。

- **遵从内心**

第四点是软因素，也是最为重要的。考量一份 offer 时，除了考察团队、薪资、产品等硬因素外，更需要遵从自己的内心，个人志向、兴趣爱好是不可忽视的软因素，硬因素固然重要，但如果一味追求硬因素，很容易陷入盲目跟风、追风口的误区。

在选 offer 时，你最想要的是什么呢？有的人要高薪水，有的人想学精深技术，有的人想转管理岗位，这些想法能否实现，其实还是取决于你想做什么和你能做什么。

选取 offer 时，一定要尊重你的内心，知道自己想要什么，想做什么。很多候选人，容易被朋友、同事、家人的观念所影响，甚至会盲目对比，这种心态往往不利于选择一个最适合的 offer。

谈完如何避开烂 offer，接下来，再来聊聊如何选择适合自己的 offer。

如何选择适合自己的 offer？

好 offer 的定义无法量化给出，没有绝对的好 offer，而是该选取适合你的 offer。我曾帮助过很多高端候选人选择 offer，我综合了多名 HR 的建议后，将"如何选择适合自己的 offer"分为以下几种情况。

- **不同年龄段的人所适合的 offer 不同**

一名应届毕业生和一名工作十年的 Leader 所思考的工作规划完全不同，所以，不同年龄段的产品经理所适合的 offer，自然也完全不同。我分为了"22 岁至

26 岁""27 岁至 30 岁""30 岁以后"这几个年龄段。

a. 22 岁至 26 岁的人如何选择好 offer

这个时期，最重要的事情是培养专业技能，选取 offer 时应该以提升技术为首要任务，思考个人提升，不要因为薪水的略微差异或者其他感性因素选择 offer。如果选择技术得不到提升的 offer，会影响未来长远发展。

事实上，我认识有不少产品经理在 24、25 岁便达到 20 万年薪标准，而他们的第一份 offer，都是选择了公司的产品与模式能迅速提升自身广度和深度的 offer。例如，候选人小 A 曾是金融专业出身，如今他在一家互联网企业做产品公司，他在毕业后几个月便选择了转行，转行的第一份工作在一家 O2O 企业做产品助理，他不急于求成，而是选择在大公司稳扎稳打提升技术，再完成转型。

b. 27 岁至 30 岁的人如何选择好 offer

该年龄层的候选人，如果在大公司，建议去发展速度快的新兴业务群组，如人工智能等新领域。

我认识一个 29 岁的非标准意义上的产品经理，他想从传统行业跳槽到互联网，他在传统行业的一家大公司担任所谓的产品经理，其实也就是在传统行业的互联网事业部做一些类似于产品经理职能的工作。当他再想要跨行到互联网行业时，才发现自身理念、技术都不过关，已经跟不上时代的发展了，多家互联网企业都只愿让他降薪加入。

之所以建议挑战新领域，正是因为 27 岁至 30 岁这个年龄段的候选人，多半已经对自身业务无比熟练，但对新业务的了解不够。在选择跳槽时，如果仍停留在舒适区，没有危机意识，在未来的招聘市场的竞争力会降低不少。

加入快速扩张期的初创企业也是不错的选择，在避开烂 offer 后，选择一家高速发展、团队能力强、工作氛围积极、盈利思路清晰、牛人多的初创公司，对个人发展会有很大的帮助，并且发展空间大，晋升机会多。

c. 30 岁以后的人如何选择好 offer

30 岁后的职场人，尤其是产品经理，在战略思维上能更为清晰知道一个待上线产品的具体规划，细分之后的落地实施对于他们而言自然是轻而易举，但他们应将精力更放在战略规划上，创造最大价值。

所以，30 岁往后的职场人，若一直有着较为清晰的职场规划并稳步实现中，在这个阶段，不会轻易跳槽。选取 offer 时，薪资不会是最重要指标。他们会比较渴望带团队，做一款有自己印记的产品，希望在工作中扮演不可或缺的角色。

30 岁以后的人，选择 offer，有两个方向更值得考量：一方面是技术上的精深，另一方面是转行管理。

- **不同个性的人所适合的 offer 不同**

优秀的候选人，比如 BAT 的很多候选人，在跳槽时通常都能拿到很多 offer，他们选择的前提普遍是薪水相对满意，业务前景看好的企业，但每个人的性格不同，考虑的出发点不一样，所以选择也会有差异。

在这里，我分为了"有冒险精神，能够承担风险的人""偏向于稳定型的候选人""不是特别爱冒险，但也不是特别想稳定的候选人"这几类候选人。

a. 有冒险精神，能够承担风险的人

在一家成熟稳定的公司工作了比较长时间的候选人，普遍会选择一些初创型企业，这些企业在给到很有竞争力薪水的同时，也会给具有诱惑力的股票期权以及职务。

b. 偏向于稳定型的候选人

稳定型候选人，尤其是曾被初创小公司画饼坑过的候选人，更愿意选择一些大的有保障的平台。

c. 不是特别爱冒险，但也不是特别想稳定的候选人

这类"中间型"候选人，优先会选择目前规模中等但正在快速发展的公司，喜欢快速发展的节奏。

关于产品经理该不该跳槽以及如何跳槽，以上案例都说明了很多问题。

你跳槽的原因，可能是因为不满现状，也可能是薪资太少、无法再提升，还有可能是公司的混乱会影响你的发展。而跳槽，正是要去避开你现在所不满的那些因素，所以更要避开烂 offer。

了解手上 offer 的团队、薪资、产品，对应自身的年龄、性格与能力，问清自己的需求，才可以知己知彼，避开烂 offer，选取一份适合你的 offer，实现你的职场规划。

接着，从应聘者角度来谈谈，产品经理如何准备面试。

企业如何面试产品经理？接下来主要从应聘者的角度去讨论应该怎么样去准备好一个面试，避免在面试中因为一些非技术元素失分。

- **简历**

a. 简历 - 基本原则

首先来看简历。简历是整个面试流程的第一步，也是前提，所以先给大家讲的是：草根如何准备自己的简历。

简历基本原则：不要相信各种模板，不要相信炫酷的简历能加分，表达清楚最重要。有成就写成就，没成就写案例，没案例写心得，打动面试官是你的终极目标。

b. 简历 - 成就

这里的成就包括：知名公司的工作经历，好的教育经历，包括专业上的一些成就。还可以加几项：在学期间比较有影响力的论文，参与著名产品项目的经历。

总的原则是：用心写简历，写每句话的时候去想简历怎么对面试官产生影响，而不是在网上找模板，这是不用心的体现。仔细查看每一行，认真想一想，它是不是你的成就，不是成就的话，是不是你的案例。

什么算成就？有个非常简单的原则：你预计面试官是否听说过这件事，比如说我写了个 js 的动画库，如果说面试官没听说过，那就没有意义，工作经历、教育经历也如此，如果你觉得你写出来的东西是不能让面试官重视的，则不能当成就来写。

c. 简历 - 案例

不能当成就的东西是不是就不写了？很多项目经历、工作经历应该当案例写。

案例和成就的区别在于，成就写一句话就够了，案例则要遵循 STAR 原则。

STAR 原则是阿里 HR 最喜欢提的一点，也是内部面试官反复强调的原则。S 是 Situation（场景）、T 是 Task（任务）、A 是 Action（行动）和 R 是 Result（结果），这是描述完整案例的方法论。

STAR 原则不管是面对有经验还是没经验的面试官，作用都很大。

场景：可以使对方代入到你的工作中来，去理解你工作的价值和意义。

任务：让面试官明确理解你所面临的问题和困难，产生身历其境的感觉。

行动：一般大家都会写，按照 STAR 原则我们是第三步才写行动，这时候你讲行动，其实是一个顺趋而自然的事情。

结果：常被人忽略的一点，比如说你做了些优化，最后产生了什么结果。这一点往往会被忘记，有 STAR 原则就不会忘。

d. 简历 - 心得

最后落到没有案例怎么办？写写心得。有个著名案例是，时任新浪微博招聘总管贴了张图，说一个孩子给了他一张图，简历里附了一张手绘的由新浪产品发想的思维导图。这张图实际没什么内容，却获得了 HR 的高度评价。

所以，当你实在觉得自己怀才不遇又很有才华时，你可以创造一个场景，把你的构想写进去。

心得就当写一个博客文章，大家很少在简历上写心得，但实际上非常有效。当你既没有成就也没有案例时，它可能就成为你唯一的依赖了。

- **面试的目标**

我们要明确面试的目标是什么。很多人的面试目标是：通过就开心，不通过就不开心。

我们真正目标的面试目标应该是：通过且合适或不通过且不合适为开心，通过但不合适或不通过但合适为不开心。

通过但不合适的情况，仔细想想会很可怕：例如试用期离职，会是你简历里很不好看的一点，或者你一直处于高压工作体验，一定是不愉快的结局，影响危害可怕。不通过但合适，危害小一些，最大问题是浪费机会。无论是大家花时间准备面试，还是招聘方安排面试，不通过但合适的结果对双方而言非常痛苦。

● **理解面试评价方式**

明确了标准后，我们讲一讲具体的面试过程：大家要理解面试的评价方式。

很多人往往会用同一种心态去对待面试和考试，但其实两者间有非常大的不同。考试得分规则：每题得分，总分相加。面试，完全不一样，在于评价方式是根据总体印象作出，很多问题不答都没关系，反过来说，每一个回答都有可能决定最终结果。

企业内部做结构化面试评估方案时，企业会有一些特殊的问题：比如说有一些项目，是直接一道题就 pass 掉，有些是一道题，直接拒绝。再比如，发现你的回答里面，有试图去欺骗面试官的行为，基本后面表现再好，面试结果也是不通过。

a. 理解面试评价方式：表达方式

表达方式也会影响最终对你的评价，其实，不只是结果会对最后的面试成绩产生影响，比如说同样一件事，如果用 STAR 原则描述，会比直接描述过程和结果有说服力得多。

很多人描述问题的能力让面试官很头疼。面试官问：你怎么样做产品呢？有人答：我就写好需求文档然后执行。一句话就打发了，这就会让面试官非常头疼。

回答问题不要过于抽象，你以为面试官听得懂，实际上我想知道你具体怎么做的，难度在哪，如果你总是抽象地回答，面试官会很累，负责的会多问几句，不负责的可能就这样过去了。

b. 理解面试评价方式：问题

第一，知识型问题直接答就行，如果不会就直接说不会，如果面试官问了 20 个问题，你有 18 个问题不会，肯定就被淘汰了。但如果面试官问了 10 个问题，你只有一个不会，基本上也没什么关系，除非这个问题对你的岗位非常非常重要。

第二，开放性问题，建议大家调整心态，当作一场演讲。

我很希望应聘者把自己珍藏的干货，知道的最有意思的标签，一些边边角角的问题能够讲出来，体现自己的水平，或者是将一些普通的产品错误理解得非常到位，能够说出一些真正优秀的例子，或者自己业务里举的例子，要知道当面试官问开放式问题时，他希望你能当作一场演讲来发挥。

第三，案例分析问题，这类问题是必答，不存在不会的情况，只存在拒绝回答的情况。比如说面试官给你设计了一个产品的场景，他是希望你一步步引导最终做出来。一般来说，面试官会保证给出很多提示，最终解决问题，如果你最开始就放弃，那么等于放弃面试。

c. 理解面试评价方式：不会的情况

面试中遇到你不会的情况该怎么办？最直接的做法就是，告诉面试官，你不会，大部分问题其实都不一定需要回答，从我参加的面试和我作为面试官经历的面试，我的经验如此。

你可以对问题做一些分析或者是要求，等待提示。另一个常见做法是，谈一谈与问题相关的，如果面试官问了你一个你记不清的知识，你可以回答类似的东西是什么意思，不过在此之前，可以先回答："我无法答出你问的问题了"，你的坦诚会给面试官留下深刻的印象。

d. 理解面试评价方式：争论的情况

最后介绍一种情况，非常少见，且对应聘者压力很大：和面试官产生争论。

不要拂袖而去，面试官可能故意给你争论，试图一些压力考核。解决方案不是你坚持己见，而是你尝试论证，当你从最基本的结论，找出双方认知的共同点，逐步给出论证过程，逐步分析推理结论，你们就有可能达成共识。

如果你有自圆其说的本领，面试官会给出正面评价，因为在这期间，你表现出了一些自己的思考。

从面试官角度谈，如何甄选一名产品经理？

要分享的是：简历筛选与沟通；面试环节设计；软技能考核；候选人实力上下限判断。

● 简历筛选与沟通

作为面试官，会先快速阅读：相关经验、公司经历、教育背景等信息相关经验按照 STAR 分析法，公司经历主要是否是互联网公司，是否一线互联网公司。如果有经历，一定要写，因为有的是结果导向，有的是过程导向差别很大。同时要关注候选人做过的事情，是面向互联网用户的还是面向公司内部用户的，因为面向互联网用户更关注用户体验这些细节部分，后者则更多强调通用性、拓展性，以及开发效率。

教育背景主要作为参考。

对候选人来说，自己的职责、做的事情、取得的成绩一定要写清楚，说白了就是目的性要强、重点要突出，要让面试官很快能把握到：你的公司做的产品是什么样的，模式是什么样的，你取得的成绩是业绩、指标提升了还是效率提高了，这样才能快速把握你的亮点。

- **面试环节设计**

面试过程中有哪些必须的"坎"？

面试官会有一份大纲，形成一套自己的标准化面试，如面试不能太随意，都是要带着目的来发问。从面试官角度来看，候选人在你心中会有初步印象，接下来就是设计问题求证的过程，设计问题是有套路的，一定要具体，考察细节问题，最好围绕简历中的一些亮点，让候选人打开话匣子，讲到更多细节。

在开放型问题部分，面试官会提出有区分度的问题，来区分出候选人答得是好的、一般的还是差的答案。

除了电话面试，一般也会考察一些思维逻辑问题，看这个候选人是否灵活。

面试一般三轮，加上人力面，采用审核委员会制，一面，二面，三面交换一下意见，每个面试约 30 分钟。

从候选人角度来说，一定要对细节比较清楚，了解面试官的目的，要考察什么。针对自己简历上列出来的信息，要好好准备一下，在面试官提出问题后，先弄清楚问题，再给出实现方案，根据方案还要能给出它的优缺点。

- **考核能力**

第一点，作为面试官，我会考核候选人是学习型选手还是经验型选手以及是否聪明。学习型选手很大的特点是：能够自己接触很多新的知识，保持对整个业界最新知识的基本关注，不但能自身总结一些问题，还能从别人身上学习到一些东西。后者更多依赖自己的沉淀，从交流中、学习中获得经验。我更多是看聪明程度，而不仅看经验。

第二点，考核责任心是否强，这很关键。我让候选人做题后，会看他是否做检查。很多人都很快给出结果，丢给你验证。你提出问题，候选人还说：你这样这样不就行了。其实很多时候，面试官希望候选人自己做检查，自己发现 Bug。

第三点，沟通能力。简单说就是能否听懂我的话以及能否说清楚自己想表达的话。我希望候选人既能抽象也能具体，当我问业务是什么时，期望他能用宏观来回答，当我问架构时，他知道画什么图。

第四点，机灵程度和好奇心。我一般在三面时，会让候选人教我一个很复杂并且我不懂的东西。

第五点：leadership。产品经理依旧需要有动员其他人的能力，比如说我们有个项目，那他需要协调各部门，常见的开发与设计，还有 App 端、web 端还有统计部门、数据统计部门，一起完成性能统计的需求整理、日志整理、日志上报、数据分析、数据展示等等。

对候选人来说，基本功扎实、做事方法好，这两点重要。基本功看自己，做事方法需要有人带，也要自己总结，

- **候选人实力上下限判断**

最后，面试官要快速判断候选人真实实力。结合简历以及表现，能够确定下限，大概是什么水平。接下来，是开放性问题，这些问题是有区分度的，比如说看待解决性能问题的思路和方案，从而判读候选人上限，结合上限和下限，最终得出真实水平。

对候选人来说，面试的本质是展现自己真实水平，找到适合自己的岗位。面试官则是要找一个适合和自己共事、愿意晚上加班的人。

第 7 章

产品经理在大公司和小公司中，如何抉择

从大型企业离职，去创业公司发展，这早已是互联网职场人才流动的常态。其中正反面案例皆不少。近期，我又接触了很多类似案例。

2011 年毕业的刘先生，有同济本硕连读的名校背景，在一家传统名企工作了5 年。今年，刘先生意识到传统行业的节奏太慢，他担心这样下去会导致他的核心竞争力逐渐消失，从长远角度来看并不乐观，为此，他决定跳槽。

毕竟，传统企业的产品经理，来到了互联网公司，或多或少都会有"水土不服"的现象。

刘先生通过各类渠道接到了 7 个面试，他选择了其中两家。第一家公司认为刘先生的技术能力和现有薪资不匹配，如果刘先生能够接受降薪的话，公司会安排复试。第二家公司虽说能给他等同于现有薪水的 offer，但刘先生意识到他在技术上还有很多不足，这家公司的工作内容和他之前所在的传统行业相似，无法让他得到技术上的提升。

鱼与熊掌不可兼得，刘先生陷入了沉思，难以抉择。

刘先生的案例并不是个例。微软、Intel、EMC 等类似外资软件出身的候选人们都容易处在这类困境中。

这些传统企业的产品经理们，大多具有名校背景，入职后享受丰厚薪水、优异福利与名企名校光环。但几年之后，他们就会意识到自己多年来一直担任着螺丝钉的角色，技术既不精深也不全面，而且时间一长，螺丝钉便会生锈。

不仅是外资企业的员工在跳槽时会面临这样的困惑，即便是工作节奏快的BAT 出身的员工，也常挣扎于留在 BAT 还是去创业公司的抉择中。不过，

已经开始有越来越多的 BAT 员工选择跳槽，放弃名企光环，去创业公司寻求发展。

那么，为什么他们会从 BAT 等大型互联网公司离职，去一家创业公司呢？

为何要逃离大型企业？

首先，我们来看看大公司和创业公司的区别。

"大公司"常被分为传统大型企业和以 BAT 为代表的大型互联网公司，它们有着几个共同因素：首先，多数都已上市；其次，业务稳定、现金充裕、产品线丰富；然后，团队规模大、层级分明；最后，有较为严重的"大公司病"。

在大型企业工作的员工都清楚"大公司病"所带来的恶劣影响，很多体量较大的公司，都会出现等级鲜明、流程繁琐、制度死板、决策效率低和跨部门难以合作等诸多问题。

创业公司规模小，通常融资在 B 轮以下，公司总人数在百人左右，甚至只有二十几人，产品线不多，以用户增长为核心目标，工作时间往往弹性较大，对员工的自我约束力要求较高。创业公司现阶段所面临的最大挑战就是无论何时都在迎接未知的变化。市场不断在变，团队人员不断在变，在迎来短期内快速增长后，营收规模、受众规模和团队规模都会急速变化。

"创业公司"和"大公司"之间的最大差异在于：大公司要优先顾及股东们和经营的意见和底线，这会导致大公司的决策愈发显得保守，甚至目光不再长远，追求短期 KPI 指标达成。创业公司层级不会划分过细，没有官僚气息，效率往往较高，有更多回旋的可能性，能快速执行计划，将用户体验和用户增长视为现阶段最重要的事。

7.1　大公司所存在的问题

为什么很多员工纷纷从大公司出逃到创业公司？首先，来看看很多传统大型公司都存在的问题。

- **工作节奏慢**

传统企业相对于互联网而言，工作节奏过慢，刘女士曾在传统企业工作过三年，最终选择跳槽，她这么形容当时的环境，"那里不适合年轻人工作，面临的压力往往来自人际关系而不是工作内容，时间长了，人容易懒散。"

- **工作流程冗长**

李先生如今在一家过了 B 轮的互联网创业公司做产品运营，他的第一份工作是在某巨头企业，回忆起 6 年前刚入职时，他摇了摇头 —— 一张发票的审批要经过 6 个同级别的人，再提交上级，遇到一件紧急事件需要处理，往往先在邮件一级级审查中耽误了数小时。

- **等级森严**

传统企业很注重等级制度，甚至有不少管理层沉迷于这种"公开人物"带来的光环。过于森严的等级划分，使得本就冗长的工作流程变得更为繁杂，常常会因为等级冲突和办公室斗争导致工作无法展开。

虽说传统大型公司会有不错的待遇，但发展空间小。并且，这种"舒适区"环境滋养了太多技术能力单一、满足于现状的人。所以，那些不满于现状、对技术能力有更大追求的员工们选择离职，来创业公司提升实力，实现个人追求。

传统企业如此，那么，BAT 等大型互联网公司又存在哪些问题让员工选择跳槽到创业公司呢？

- **竞争激烈，出头难**

除了少数大牛能在 BAT 得到迅速晋升的机会外，对于大多数基层员工而言，在 BAT 想要熬出头，并不是待得时间长、有苦劳便可以，BAT 人才众多，想升到高位比较困难。而且，在 BAT，很多人没有太多话语权，只能做一个听话的执行者。

- **过分细致的分工**

每个项目每件事情都需很多团队配合完成，分工细致是为了发挥每个人的最大作用，但落实到某一个项目而言，却会效率低下。并且，过细的分工，会让员工的工作内容显得更为枯燥单一，降低员工的核心竞争力。

- **繁琐复杂的流程**

BAT 有着几万人的规模，不可能实行扁平化管理，必须有严格的等级划分、流程安排与绩效考核，流程的设计本是为了安全考虑，但因分工过细和人员过多，导致流程愈发繁琐复杂，会涉及太多不同角色，导致每个项目的流程都无比漫长。

- **BAT 工作压力过大**

根据 Sleepace 所做的《2016 首份中国互联网员工睡眠调查报告》得知：百度、阿里巴巴、腾讯企业员工平均睡眠时长为 6.5 小时，低于成人睡眠时长 7~8 小时的标准建议，高工作压力人群比例 47.9%，领跑行业。BAT 存在睡眠健康问题方面的更大风险。而互联网企业员工每周平均加班天数为 1.6 天，BAT 最高平均 1.9 天，70% 员工加班到晚上 9 点后；在工作压力方面，47.9% 的 BAT 员工认为工作压力较大，高于其他行业 38% 的平均水平。

BAT 等大型互联网公司节奏往往都偏快，工作压力大，工作强度高，对新人来说，会在短期内获得能力的大幅度提升，但面临以上四种情况，依旧会让员工感到困惑与不满。

看来，BAT 的环境中也滋生了不少问题。

王先生最近入职了一家创业公司，在此之前，他分别在优酷土豆与支付宝工作过，对比两家企业的异同时，他说优酷土豆的工作内容要轻松很多，支付宝和阿里巴巴类似，节奏非常快，每天都在高压中度过。

"优酷土豆是家大型公司，但比起 BAT 来，工作轻松很多，他们的管理扁平化一些，给你的自由度也会比较大，工作上创造的可能性会比较多。后来到了支付宝工作，节奏显然快了很多，而且支付宝的层级划分比较严。"

王先生在支付宝做产品经理时，形容自己"每天心都是慌的"——工作繁忙时，部门老大会每隔一个小时来问一次进度，为此王先生常常感到压力很大。如果遇到分歧，问题会很严重，甚至会将不准确的结果彻底推翻重来。

"那种感觉，怎么描述呢？像怀孕一样，想吐吐不出来。"王先生苦笑，摇摇头，说，"在别的公司可能用 1 迈的速度跑，在 BAT，估计都是用 10 迈的速度在跑。我想，可能会欲速则不达吧。"

王先生最终选择了离职，来到了一家创业公司。

7.2　逃离大公司后有哪些困扰

不过，从传统名企、BAT 跳槽到创业公司真的能解决一切问题吗？

事实上，在创业公司工作并不轻松，传统企业跳槽过来的往往无法适应，BAT 等大型互联网公司跳槽来的也会发现工作没他们想象得那样轻松。离开原环境后，在创业公司，他们逐渐面临以下问题。

- **工作繁重，压力过大**

创业公司会面临着巨大的行业竞争压力，甚至会遭遇融资困难的惨境。在资本一轮轮洗牌的残酷现状下，创业公司一有松懈就面临淘汰风险，这种压力无形之中会折射到员工身上，又因为公司人手不足，经常是一个人干着几个人的活，加班是常态。

- **流程弱管理度低所引发的混乱**

虽说流程弱会带来高效率办公的便利，但也会引发混乱。在创业公司工作的产品经理雯雯，在某个下午突然得到上层的通知，有三个需求要改，都要求当日交付，她表示困惑：难道没有一个提需流程吗？并且，公司管理制度会略显不足，很多时候因扁平化管理，每名员工都能直接对接管理层，让管理层确实也无法顾及到每名员工的感受。

- **资源过少，遇事只能靠自己**

在 BAT 时，资源很多，并且工作内容很少会单打独斗，常由整个团队一起合作完成工作内容。到了创业公司，资源大幅度减少，行业内话语权也弱，谈合作也常常面临对方爱理不理的困境。并且，很多事情你只能自己动手，需要自行掌握多种技能。小到每个错别字，大到战略方向，都要自己解决。

即便能够克服以上客观因素所带来的困难，不少 BAT 等名企出身的候选人在跳槽与面试时还是容易被主观因素的问题所困扰，主要有以下三点。

- **丢不下名企包袱**

有不少人认为名企出身会为他们带来极大的涨薪机会，事实并不是这样，多数过了 A 轮、B 轮的初创公司虽仍处于快速扩张的状态，但创始人对于人才的选择和把控会遵循“宁缺毋滥”原则。他们不盲目扩招，也很少开出比市场价高太多的薪资来选择基层员工，高价录用的员工多半是真正的技术精英。

- **实力与期望薪资不匹配**

对于很多在名企工作太久导致技术不出众的员工而言，创始人们往往会觉得他们的技术水准早已与那份薪资不匹配，如果要录用，只能降薪给 offer。多数人是不愿降薪的，这便陷入了一个不断循环的僵局：要磨练技术就要接受降薪，不降薪就要继续当颗螺丝钉。

- **看不上给出高薪公司的团队技术水平，没成长空间**

如前文提到的刘先生，面对给出高薪的公司，再对比自己跳槽的初心，依旧拒绝了 offer，陷入了薪资和成长的两难中。

遇到以上问题，该怎么办呢？

上部分谈到两方面的问题，一是创业公司的问题，二是名企包袱所引发的自身问题。我采访了几位从 BAT 离职来到创业公司的候选人，关于创业公司为什么吸引他们，我通过采访内容总结了以下三个共同点。

- **更全面的发展前景**

大公司的职能分工过于细致，在创业公司，由于流程不会太严格，分工较为模糊，工作内容很多方面都可尝试，效率高，能快速得到结果，完成试错。林先生在终于入职了一家刚过 A 轮的创业公司后说："我在创业公司里一年实践所学的东西，或许是我 BAT 的两倍以上。BAT 能很快提升我的职场意识和办事能力，但对于综合发展而言实在是限制太多。"

- **和创始人更近距离沟通**

众所周知，BAT 有着极为严格的级别设置，工作中跨级沟通基本不可能存在。

创业公司的管理结构较为扁平化，基层员工能相对频繁与创始人们沟通。很多创业公司的创始人们，有不少都曾在大型企业担任高管，有着丰富的经验。和创始人的直接接触，有益于一个人的职业发展，以及培养长远的眼光，往往使人受益匪浅。

- **更大的成就感**

创业公司的市场占有率较低，品牌效应弱，现有用户少，在日常工作中往往能很快看见自己所做的每件事带来的影响，无论是业务上还是数据上都清晰可见。在创业公司工作，员工能知道自己到底做了什么，并起到什么作用，从而有更大的成就感。

我认为，在创业公司工作，需要有极强的抗压能力和适应能力，还要学会管理情绪，做好自我调节，积极看到来创业公司所能获得的好处。关于候选人从名企跳槽到创业公司面试时遇上关于薪资与能力的问题，我给出以下建议。

- **丢掉名企包袱**

名企光环让很多候选人无法接受降薪入职，但对于有三到五年工作经验的产品经理而言，薪资有时并不是首要考虑因素。既然选择离开舒适区，首先要做的是心态上的转变，放下心理包袱。

- **克服能力不足**

因能力不足而遭遇的薪资不满甚至面试失败的产品经理并不少，在这种情况下，首先要做的是反思自己为何离开原公司，降薪入职并不是坏事，要看中这份工作所能带来的成长。入职之后你要做的，是如海绵般不断吸收养分，并有主动提升技术的意识。

- **给出高薪的公司没有成长空间**

我认为你当然可以选择利用名企光环去一家相对轻松的公司享受同等待遇，甚至获得高涨幅薪资，但这样的选择背离了你离开 BAT 或者传统名企的初心，会让你再度回到最初的那个死循环中，个人核心竞争力慢慢降低，找不到未来的真正出路，最终在残酷竞争中将面临再一次抉择。

所以，我建议放下名企包袱，远离舒适区，要有危机意识，并不断磨练自己的技能。从 BAT 降薪到创业公司也不失为一种好的选择，至于薪资，随着技术和能力的提升，自然会是增长的。

从 BAT 等大型互联网公司离职来到一家创业公司工作的员工们，眼界往往不会低，他们并不是太在意眼前的薪资，对于他们而言，使自身获得更高速更全面的成长，才是最重要的。

所以，跳槽到哪里并不是最重要的，最重要的是想清楚为什么跳槽。

你是从大公司跳槽到创业公司，还是将创业公司做跳板以便进军大公司？

7.3 毁掉职场生涯的 10 件事

在这里，给所有产品经理敲个警钟，即一定会毁掉你职场生涯的 10 件事。

过去一年里，我对谈了近百名年薪近百万的产品经理，也因"裁员"话题采访过几十名被企业裁掉的员工。和这么多人交流后，我常在想一个问题：究竟是什么因素让人与人之间的差距如此巨大？

能够举出来的因素数不胜数。我翻阅了与这些人的采访笔记后，发现了一些共通点：有很多与生俱来的缺陷，却是人生必须要克服的困难。

若克服它们，即便不成功，你也会有幸福的平凡生活，要知道幸福本身就很奢侈。

若避不开，轻则穷困潦倒一生，重则无数灾难如影随形。

会毁掉你人生的事情，有哪些呢？

- **不知道自己想要什么**

从来都不能确定自己真正想要什么的产品经理，注定庸庸碌碌一生，甚至潦倒一生。我们能发现，但凡在某个细分领域获得极高成就的产品经理，都是早早就知道自己想要什么的人。

生活从不该是及时行乐，"车到山前必有路"的另一层含义可能是"不见棺材不落泪"。

连自己最想要什么都不知道，你还期待生活能给你什么精彩？

- **眼高手低，说得好听，从不动手**

我们常在小区楼下见到两老头下棋，高谈世界政治局势，似乎全球领导人的战略他都了如指掌，实际上，真问起专业知识，他一无所知。

眼高手低不是年轻人的专利，每个年代都有只说不做的人。如果你从年轻起便永远喊口号，却不肯做出实际举动，那么，你会在未来变成你最不喜欢的职场人。

身为产品经理，别在你一无是处、做不出好产品后，再玻璃心地大喊现实太残酷。不能实现梦想，可能是你根本没有为梦想付出什么，配不上你口中的梦想罢了。

- **急于听夸奖，拒绝听坏话**

大多数成功的产品经理，从不在意别人如何评价他的好与坏，因为他的眼光很长远，只看得见常人连仰视也看不见的目标，至于现阶段赞美和批评，根本算不上什么。

别总是等待别人取悦你，也别放低身段取悦别人换来称赞，更不要听到批评就愤怒反击，或者灰心意冷放弃。

他们的评价，无论赞美或辱骂，都是一时的，不要被冲昏了头，记住你的目标，坚持下去。

- **否认甚至诋毁别人的成功**

在生活中容易说出诋毁话语的产品经理，多是事业惨淡的人，往往只有不够优秀的人才会如此义愤填膺。

只看得见他人不好的地方，不愿肯定他人优秀的部分，更不肯自己做处出改变，你对他人成功的诋毁，象征着自身失败的灾难。

- **拖延症**

关于拖延，我写过不少文章。请相信我：拖延一定会毁掉你的，尤其是在产品经理这个岗位。

别洋洋自得炫耀自己用最后一天完成的文档和别人花了一个月做的文档质量差不多，如果让你感到自豪的事情如此简单，你还能指望你自己能做多大的事情？

任何真正有成效的事情，都要靠大量时间不断修正，才能艳惊四座。

拖延症不是完美主义，是缺乏时间管理意识，浪费的大量时间，最终会以让你变得极为平庸来偿还。

- **爱指责别人**

有些人的评论是评论，有些人的评论则是发泄。爱指责别人的产品经理，请你下次开口前，掂量掂量自己有没有指责他人的斤两，不然，你很可能被当作笑话。

- **态度消极，负能量爆棚**

态度消极的人，生活不会给他积极的回应。

负能量爆棚的人，他们永远只能被阴暗面所笼罩。

这样的人，是做不出好产品的。

- **轻言放弃**

轻言放弃的产品经理，多半还有三分钟热血的习惯。

看了篇励志文章或者高燃电影，立刻决定洗心革面，好好做件大事。然而，任何让人赞叹的成果，往往过程都是极为枯燥和无聊的，甚至会有苦难和折磨，在面临挑战时，在身处折磨时，失败者首先想的不是如何解决问题，而是马上放弃。

那么容易放弃，又将困难夸大其辞，这类人能成功才叫不公平。所幸，这类产品经理不会成功。

- **推卸责任**

爱推卸责任的产品经理，大多也爱抢功。

在团队协作时，有什么轻松好做的事，抢着去做，把难的事情交给别人。当团队获得荣耀时，第一个跳出来抢功劳，当事情失败后，立刻装作没事儿，把责任全部推到别人身上。

这类产品经理最大的特点就是：自私。

自私的人，不会有太多朋友。别忘了，得罪了太多人，你落水时，是不会有人来救的。

- **看不到危机中的可能性**

成功的产品经理的最大特质：在危机中看见可能性，从而弯道超车。

比如说前两年是互联网行业资本寒冬，他们会如此思考：当所有企业都面临困难时，如果我找到解决方案，最后活下来的人会是我。

还有老生常谈的红利期：一件事情，正处红利期时，没多少人能看到，红利期过去后，所有人都知道。失败者会嘲笑仍想踏入失去红利期领域的人，而成功者会这么想：既然失去了红利期，证明很多人准备撤退，并且，红利期之后是稳定期，我抓住机会，一定能行。

失败者会在机会来临时想：会不会失败？这么做风险太大吧？我会不会不被支持？

我常说：追求不稳定，让不稳定变得稳定，才是真正的稳定。愿你能懂这句话的含义。

以上 10 种"危险"，你遭遇了多少？

一定要避开人生中能够避开也必须避开的事情，当将这些恶劣行为保留到中年，你已经无法回头，当未来已经被毁灭时，你无法挽救。愿你能立刻改掉这些缺点。亡羊补牢，为时未晚。

7.4　产品经理是否还受企业欢迎

最后，再结合前面的案例聊聊，产品经理是否还受企业欢迎、薪资如何。我们再看一个案例。

陈言很坦诚，他说：我选取 offer 的标准只有一个 —— 钱。

候选人陈言，最近刚刚入职，岗位是产品经理。他上一份工作是与朋友创业，做互联网金融。

朋友给他开的薪资是年薪 40 万，受到资本寒冬影响，公司情况不乐观，陈言的朋友决定转型专注做线下服务，陈言更倾向于从事互联网，于是选择离职。

陈言期望新 offer 的薪资是 65 万至 70 万，理由是陈言一年多前在 BAT（据候选人要求，不便透露是哪一家）工作时，拿到的薪资为 55 万。在陈言选择离职与朋友创业前，也拿过几份 65 万至 70 万的年薪 offer，所以，他认为自己目前还值这个价。

陈言离职创业时是 2015 年 8 月，根据当时的数据，这正是产品经理最热门也是获得企业热捧的顶峰期。

两年之后，陈言还可以拿到这么高的薪水吗？

陈言面试了几家互联网公司，给出的薪水并没有达到他的理想状态，最后入职了一家初创企业，就职产品经理，年薪是 61 万，和他的理想值没有差距太大。

从陈言的个人案例来看，产品经理需求量的微弱减少并没有太影响他的年薪，不过仍有下跌，那么，整个大环境也是如此吗？

产品经理无论在市场需求上或是网络讨论上始终是热度不减，那么，产品经理在如今的招聘市场上的供需情况究竟如何呢？

2015 年 3 月至 8 月，企业对产品经理发出的面邀数始终在上升，并在 7 月迎来了一个高峰，对比 2016 同时段企业对产品经理的需求量，我们明显能够看出，不如 2015 年。

相较于 2015 年，2016 年企业对产品经理的需求量明显减少，产品经理对比早几年的大热，虽没有退烧，但岗位需求的确少了。

关于这个现象，大部分人都会有两个疑问：

- 企业现在对产品经理的需求为何减少了？

- 需求减少会不会让产品经理的薪资随之减少？

每一种现象背后，都会有其本质原因，接下来我将结合自身平台数据和相关人物调查来进行分析，并从招聘市场角度来洞察其背后的真相。

为何企业需求量减少没影响到产品经理的薪资？

我们先来看一组数据：2015 年 5 月、6 月、7 月，连续三个月，企业都对产品经理有着极高需求。随后，平均面邀薪水很快在 2015 年 9 月、10 月达到了高峰，约 32 万元。2015 年 9 月起，产品经理的抢手程度慢慢消退，获得平均面邀数不断下跌，直至 2016 年 6 月，才有慢慢回升，可仍比不上 2015 年同时段的热度。

我们再看一看这两年来产品经理的平均薪水变化，可以看出：在平均面邀数大幅度下降的情况下，产品经理的平均年薪波动并不算太大。

让我们回顾下前面的两个疑问：

- 企业现在对产品经理的需求为何减少了？

- 需求减少会不会让产品经理的薪资随之减少？

第二个问题的答案已经很明显了：企业对产品经理需求减少并没对其薪资造成太大影响。那么，我们不免又有新的疑问：为何需求量减少不会影响产品经理的薪资？

在回答随之而来的两个新问题前，我们先回答第一个问题：企业对产品经理的需求为何减少了？

我给出的结论是：这属于招聘市场的需求与供给关系的正常规律演变。

在前几年，对产品经理的需求爆发式增长，但是供给增长极为缓慢，使得产品经理极为抢手。近年来，需求与供给都发生巨大改变，当对产品经理的市场需求变大，则想要从事产品经理的人便会增加，当供给跟上需求时，自然热度会降低，企业对产品经理需求也会减少。

这个规律对每个岗位都适用。

又是哪些原因使得企业对产品经理员的需求大幅度增加呢？

a. 互联网行业处在风口上，巨大的利润让互联网行业飞速发展，从而使得互联网行业对产品经理需求大幅度上升。不仅仅是产品经理，整个行业也遭遇了类似的问题。

b. 政策鼓励全民创业。互联网的爆发，让无数创业者选择进入这个行业，在资本寒冬来临之前，投资的红火使得不少初创公司快速扩张，使得他们对产品经理的需求也随之增长。

c. 其他行业转型或进军互联网。互联网思维在前几年被用到泛滥，无数偏向实体业务的公司也慢慢朝着电商发展，吃穿住行等与人们生活息息相关的事物都有了相应的互联网产品，行业的转型，必定带来岗位的需求。

以上三点原因造成了前几年对产品经理的需求增加，如今，招聘市场变得稳定，资本寒冬也使得互联网行业回归冷静，需求自然会随之减少。

在了解需求量为什么减少后，我们再回顾最后的问题：

为何需求量减少不会影响产品经理的薪资？

是因为，产品经理产出的价值并没有随着需求减少而降低，其薪资自然不会受到影响。

与绝大多数岗位一样，产品经理经验越丰富，薪资则越高，并且，人均面邀数随经验的递增而递减。产品经理在工作第二年和工作第五年是重要节点，在这两个节点，他们的薪资会有一个较大的涨幅，越往后薪资涨幅越小。

随着供给关系的平衡，产品经理的热门程度正在降低，不过，产品经理依旧是市场主流需求，所以企业对产品经理需求减少并不会对其薪资造成太大影响。

产品经理的就业趋势处于良好状态。近两年来，产品经理在市场需求上的涨跌属于正常市场规律。从工作年限、城市、企业规模对产品经理的薪资影响来看，产品经理都会是一个不错的选择。

唯有磨砺自身实力，才会不断产出价值，而能创造价值的人，永远是企业所需要的人。我相信，你会是市场需要的高端互联网人才，是能够完成从跨界到专精的 T 型产品经理。

第 8 章

面对资本寒冬该怎么办

资本寒冬，到底有多严重？在聊产品经理这个岗位前，让我们看看，刚过去的那场资本寒冬，在互联网行业到底引发了怎样的动荡，看看那些非正式互联网员工、非产品经理到底遭遇了什么，然后再回到产品经理，看有没有什么启发。

对从房产经纪人转行外卖骑手的王峰来说，资本寒冬像掐住他职场命脉的无形的手，让他连挣扎的机会都没有。

2015 年 12 月，王峰所在的一家 O2O 模式租房平台网站进行了大规模裁员，千名房产经纪人被裁，四十余个工作站被削减至九个，王峰便是被裁的经纪人之一，他没有拿到相应的赔偿，公司开除他的理由是：业绩不达标。

2016 年 6 月，该公司 APP 停止更新、官网停止运营，正式对外宣布彻底关闭业务。

深夜十一点半，王峰才与我见到面。他和无数来上海打拼的年轻人一样，住在环境简陋的老公房里，走廊间堆满了杂物、砖块和垃圾，石灰剥落的墙壁上时不时能看见暴露在外的电线。

他住在一个五居室的合租房里，北卧，隔断间，九平米，地上扔满了脏袜子，床上丢着五六件衣服，一张小桌子上堆满了方便面袋。

"随便坐，家里乱，没空整理。"他坐在床上，把椅子推到我面前，"去年 12 月时，很多谣言在内部传来传去，大家心里都慌得很，没想到最后结果会那么糟。"

王峰去年毕业，听朋友说这家公司的销售岗位"底薪高、提成多"，便前去应聘，几天后顺利入职。这家公司的月薪结构是 4000 元底薪加 2000 元绩效加单量提成，一个月满 4 单便能拿满绩效，努力一下月入过万是可以实现的。

对刚毕业的大学生来说，月入过万是很大的诱惑。王峰做着当组长、升站长的梦，无论烈日炎炎还是狂风暴雨，他都会骑着电动车在外奔波，但他没有料到，2015 年的冬天，他的梦破碎了。

"散伙饭大概十几个人吧，都是一起奋斗过的兄弟伙子，我们喝了好多酒，然后抱在一起哭。"王峰提起半年前的风波，语气都变了。

这家 O2O 模式的公司年末裁员的最初原因并不是互联网行业的冬天来了，而是源于一场更复杂的资本斗争：该公司为子公司，是其母公司为打击竞品而创立的，当竞品纷纷宣告倒闭或转型后，子公司的大多数业务也就可以撤离了。

在鲜血淋漓的资本游戏后所牺牲的，是最底层的基层员工。他们每天在朋友圈转发着"最骄傲的团队，相亲相爱一家人"的口号打鸡血，一眨眼，他们便被深爱的团队抛弃。

2016 年 1 月至 2016 年 6 月，该公司明显受到了资本寒冬的冲击，半年来，一百多人的团队苟延残喘，勉强支撑，无奈失去了背后的资金支持，也注定无法走融资的道路，再加上管理层运营不利，最终宣告停止业务。

2016 年上半年，O2O 模式不再吃香，互联网创业公司也纷纷倒闭，很多公司为了生存，无奈之下只能选择裁员。

2015 年至 2016 年，投资界也沉浸在冬天的寒冷中。根据 IT 桔子统计的数据显示，在 2016 年的 1 月份到 5 月份，绝大多数投资机构的投资次数相较于2015 年的同时段出现明显下跌。

根据 IT 桔子的数据显示，在 2015 年至 2016 年间，险峰华兴投资次数减幅达88%，洪泰基金投资次数减幅达 85%，创新工场投资次数减幅达 71%，阿米巴资产投资次数减幅达 68%，九河创投投资次数减幅达 50%，联想之星投资次数减幅达 50%，美诺天使资金投资次数减幅达 47%，真格基金投资次数减幅达 36%……

这是必经之路。投资者们不再脑热，创业者们举步维艰，大手大脚花钱的日子一去不复返，不盈利的公司必然倒闭。

裁员，让无数员工切切实实感受到了：寒冬已至。

8.1　被裁员工的无助

王峰被裁员后，没有在赔偿金上纠缠很久。他做起了外卖骑手，生活并没有受到多大影响。

对于很多互联网人来说，这个冬天，实在太长了。

无论是投资方还是创业者，都在为公司的生存绞尽脑汁。裁员，似乎成了管理层的最后一根救命稻草，从基层员工到中层管理，都时刻被笼罩在不知何时会被裁员的心理阴影下。

几个月前，深圳一家互联网电商公司在悄无声息中进行了一场裁员，员工们甚至都不知道自己被裁员了。

吴倩，便是被裁员的员工之一。

"赔偿金到现在也没拿到，我已经不想再去要了，反正也要不到了。我有时候在想，为什么高管们可以把裁员说得那么冠冕堂皇，说是为了公司长远的发展和运营，才不得不裁员。只是……我们的工资谁来给？"

吴倩提起几个月前"莫名被裁"的经历时，语气变得激动，视频通话里的她，涨红了脸，眼眶湿润，哽咽了几次才能继续采访。

她所在的公司因为管理不善导致运营不利，即便公司也曾因为 CEO 的"光辉经历"和"拿到巨额投资"风光一时，但始终无法盈利。公司不断亏损也是事实，但让吴倩没有料到的是，她有一天早上去公司，才发现公司已被彻底搬空。

她没有接到正式的"裁员通知"，只是在新闻里得知 CEO 砍掉了两个部门。

资本寒冬彻底击溃了这家盈利模式存在根本问题的互联网电商公司，CEO 为了让公司能够经营下去，选择了大规模裁员。

几十名被裁员工开始了维权，时隔几个月，他们依旧没能拿到应有的赔偿。

"我莫名其妙被裁员了，没有一点预兆，我还想着能不能回去上班。在彻底心灰意冷之后，我才开始重新投简历，找工作。前后折腾了一个多月，我才找到新工作，还是为了能生存下去，病急乱投医而去的一家公司，岗位和氛围都不喜欢。"吴倩在视频里用纸巾抹去眼边的眼泪，说："上个月的工资没有发下来，又一个多月没有工作，新工作的薪水也要等下个月才有，我连续三个月没有收入，租房、吃饭都没有办法解决了。"

提起这段"被裁员"后的生活，吴倩没办法平复心情。

其实，资本寒冬是市场规律，热了就会冷，是周期性现象，并不是特殊案例。同理，裁员也一样，无论是盛夏还是寒冬，每家公司都会在一些节点选择裁员。

除了少数扰乱市场秩序和本身就没想明白的企业外，大多数企业都不会选择无端裁员，更不会放走优秀的人才。在看过悲惨故事后，我们该冷静思考：是什么，让员工们逃不过这场被裁员的追杀？

根据"i 黑马网"的资料，我们整理了一份 2016 年上半年创业公司"死亡名单"。

"蜜桃网"死于 2016 年 3 月，融资轮次处于 B 轮，行业属于电商，失败原因为：巨头林立，大打价格战。

"澎湃养车"死于 2016 年 4 月，融资轮次处于 B 轮，行业属于汽车后，失败原因为：放弃利润追求规模，极端的补贴战略。

"淘在路上"死于 2016 年 6 月，融资轮次处于 B 轮，行业属于旅游，失败原因为：烧钱、自身缺乏造血能力，资金耗尽。

"大可乐手机"死于 2016 年 3 月，融资轮次处于 A 轮，行业属于手机，失败原因为：资金耗尽。

"美味七七"死于 2016 年 4 月，融资轮次处于 B 轮，行业属于电商，失败原因为：高消耗、重模式、资金链断裂。

"大师之味"死于 2016 年 4 月，融资轮次未知，行业属于 O2O，失败原因为：融资受阻，模式存疑。

"金联所"死于 2016 年 7 月，融资轮次未知，行业属于互联网金融，失败原因为：兑付困难，逾期严重。

"地库"死于 2016 年 4 月，融资轮次未知，行业属于孵化器，失败原因为：经营不善，商业变现单一。

"孔雀机构"死于 2016 年 4 月，融资轮次未知，行业属于孵化器，失败原因为：经营不善，商业变现单一。

"大咖门"死于 2016 年，融资轮次未知，行业属于社交，失败原因为：资金困难，融资受阻。

"喜汽猫"死于 2016 年 1 月，融资轮次未知，行业属于汽车后市场，失败原因为：过度自信砍掉盈利项目，盲目冒进。

"最鲜到"死于 2016 年 2 月，融资轮次未知，行业属于物流，失败原因为：融资失败，公司账目已无现金。

"油遇"死于 2016 年 1 月，融资轮次处于天使轮，行业属于汽车后市场，失败原因为：管理团队与资本方无法达成经营思路统一。

"平安好车"死于 2016 年 2 月，融资轮次未知，行业属于二手车电商，失败原因为：模式存疑、持续烧钱、团队缺乏互联网基因。

"神盾快递"死于 2016 年 1 月，融资轮次处于 A 轮，行业属于物流，失败原因为：股权结构复杂、融资失败、持续烧钱。

创业公司的纷纷死亡堆砌起森森白骨的山峰，他们的破灭缘于资本寒冬和自身的盲目，创业者们和投资者们的损失，很大一部分原因是由于他们自己，所以他们需要承担起责任，只是，在寒冬中陪葬的，往往是不知真相的员工。

当被裁员的几十个人在与我沟通时，他们多数都将聚焦点放在创业公司裁员的不合理与不公平上，当问及资本寒冬对他们的影响时，一名员工这样说道："资本寒冬对于大多数普通员工而言，其实影响并不是太大。被裁员的员工，大多数都能很快找到工作。"

事实真的如此吗？

一场寒冬，冷的不仅仅是创业者和投资者，而是每一位身处行业中的人。

8.2 凛冬已至：那些死掉的企业们

风口浪尖上诞生神话，在互联网行业已是见怪不怪。风吹完了，泡沫破碎，大梦初醒，寒冬降临，一路上，尸骨累累。

好似藏宝图被好事者公布于众，无数寻宝人拿上富翁赞助的工具，一拥而上，将宝库瞬间挖空。但当富翁不再赞助寻宝人们工具时，寻宝人们从不会将"凛冬将至"挂在嘴边。当冬天来临时，他们才猛然觉醒：备冬的粮食和衣物都未准备好。

2015 年 12 月，曾号称市场占有率高达 75% 的"博湃养车"，业务全线停止。

2016 年春节前，"一起唱"CEO 发布内部信，宣布 C+ 轮融资失败，账上现金用尽，无力维持员工工资，公司正式倒闭。

2016 年 4 月，上海生鲜电商"美味七七"正式宣布关闭，欠下供应商 2000 万元货款，拖欠数百位员工工资。

每一个案例，都是血与泪的教训。

2015 年下半年起，资本寒冬悄然而至。以 O2O 行业为例，从 2014 年的热火朝天到 2016 年的倒闭大潮，O2O 的风向突然就变了。

"无论是创业者还是投资者，真正头脑冷静的人并不多，大家看见什么赚钱就都脑子发热冲上去，想分一杯羹。"某电商网站 CEO 王枫在接受我采访时说，"创业模式很容易被模仿，什么模式被炒热了，就立刻有一群人冲上来模仿。以前所有人都在谈 O2O 模式，去年大家又都在强调内容创业，自媒体平台不知成立了多少家，今年直播又火了，不知出了多少家直播公司了，最后只会带来一批又一批死亡。"

创业公司纷纷死亡，员工们一批批被裁员，让这个冬天蒙上了一层灰色的色彩，所有人都眉头紧锁。

投资者们的头脑冷静了，创业者们的热血变凉了，被裁的员工们的心随着寒冬被冻成坚冰。

从投资机构募资数量可以看出，在 2015 年第二季度的狂热期之后，资本的寒冬似乎从秋季便开始了。这场寒冬似乎在预示着：历史总是有着惊人的相似性，过去的错误总是在重复上演。

几乎所有的风口，都会让资本疯狂介入，喜气洋洋，扩张团队，画一张大饼，分一块蛋糕，在狂热的气氛中吹起巨大的泡沫，然后忽然破碎，整个市场重新洗牌。

在去年还拿到千万融资的公司，今年便熬不过寒冬匆匆倒闭。很多初创公司拿到投资后，没有在产品上更加精雕细琢，而是躺在过去的功劳簿里沾沾自喜，选择了盲目扩张，打造所谓的明星团队，不去思索盈利模式。

不少初创公司在获得天使轮或 A 轮融资后便忘却了当初刚创业时的痛苦，他们以为迎来了春天，可以直接跳过酷暑，在秋日收获果实，在喜气洋洋的气氛中将钱烧完，猛然觉醒：冬天来了。

从盲目扩张导致资金迅速消耗完来看，大多数互联网初创企业氛围，基本都逃不了"浮躁""虚华"等关键词。

初创公司为什么会死亡？最核心的原因就是不盈利且钱花完了，甚至可能是创始人出逃、初创团队解体。创业公司在寒冬中死亡，往往避不开以下情况。

- **盲目扩张，大量烧钱**

在前面提到，无数初创企业在融资成功后，做的第一件事情就是招兵买马，扩张规模，将组织架构划分成如 BAT 那样精细，事实上，对于初创互联网企业来说，这是一种资源浪费。

当团队迅速从不到十人扩张到几十人甚至百人时，本可迅速执行的方案会被拖慢，并且，百人团队的薪水对于初创公司而言，也是一大笔消耗。

2010 年，"卡尔维"CEO 杨存富领着一群年轻人，租了间三居室民住宅，打造了一款手游。2011 年这款游戏上线后，受追捧程度超出初创团队的想象，全球下载量超千万次，还被英国某科技媒体选为"全球最好玩 50 个游戏"之一。

在 2013 年到 2014 年，手游是当时的风口，无数创业公司因一款手游的成功而创造了巨大利润。"卡尔维"CEO 杨存富在 2013 年 7 月时曾在媒体前说，"卡尔维"员工达 300 余人，预计三年后，"卡尔维"会发展到 500 至 1000 人的规模。

但风口说散就散，神话也会立刻破灭，没有多少人能预测准确市场的走向。手游行业过了红利期后，"卡尔维"仍在盲目扩张，核心团队出走，新团队做不出好产品，公司逐渐入不敷出。

2014 年起，"卡尔维"开始裁员，从 300 多人裁到只剩 50 余人，2015 年，CEO 集合了全部员工，公开表明公司已破产，投资者也不再投钱，公司要倒闭了。

公司剩下的钱，还不够员工们一个月的薪水。被裁的员工们，依旧是这场资本游戏中的被迫受害者。

在完成扩张后，初创企业在花钱时并没有想清楚该花在哪儿，重心不确定，钱烧在无谓的方向太久，当烧完钱之后，只能面临裁员或解体的困境。初创团队盲目扩张所带来的风险和损失，除了他们自身要承担外，往往让不少被裁员工也要为其不成熟的行为埋单。

- **跟风创业，没摸透用户需求**

2014 年，O2O 火了，成为了风口。

与如今直播产业的"百团大战"相似，2014 年，成百上千家打着 O2O 模式旗号的创业项目如雨后春笋般涌了出来，衣食住行面面俱到。

穿衣在"衣"方面，除了老牌购物网站，新兴 APP 也推出虚拟试穿来吸引人。"食"方面，各家外卖展开了厮杀。"住"方面，无数房地产公司从传统模式转为互联网在线预定。"行"方面，有滴滴和优步多年来的相爱相杀，直到最近，终于以合并收尾。

从 2015 年末起，O2O 不再吃香，纷纷倒闭，投资者们不再把钱丢入这个无底洞，资本市场再一次洗牌。所谓的上门洗车、上门按摩等伪 O2O 模式也纷纷倒闭。

一时间，寒风凛冽，原来站在风口末端，也会冻得人瑟瑟发抖。

不少初创企业，都无法辨别高频和低频的区分点。某 O2O 创业公司 CEO 在接受我采访时表示，资本寒冬给他带来的最大影响是没能拿到 A 轮投资，O2O 突然在去年变冷，导致他久久拿不到投资，也不敢随意烧钱和招人了。

他说，袜子是人的刚需，在现代生活里，很多男人生活忙碌，常常会在醒来后找不到干净的袜子。他的商业模式是，让男人像订购杂志一样在他们网站上订购袜子，按年付费，会员会在每个月收到他们的袜子。

他的企业起先获得了大量用户，如今却陷入了瓶颈。

商业模式是一件很残忍很现实的事情，用户需求并不是那么容易摸透的。袜子的确是人类必需品，但对于找不到袜子的人而言，出门便是超市，买一双就好，很少有人会选择订购一整年袜子，就这点而言，袜子并不是刚需。

就像是家电维修，家电坏了我们自然会去修，可是它绝不是高频需求，无数家庭的家电都会几年修一次，前期花费大量时间和金钱推广获得的用户，可能只会使用"O2O 模式上门维修"一次。

租房产业、招聘产业也是如此，是低频需求。

摸不清需求，在资本寒冬来临之际，只会面临裁员和倒闭的风险。

- **只追求用户增长，不考虑如何盈利**

用户增长是一件很酷的事情，但是如果只追求数据的好看而不思索如何盈利，那么，寒冬之中倒下的很有可能就是这家企业。

"博湃养车"曾在养车 O2O 类公司里规模为全行业第一，估值甚至高达 6 亿美金，就是这样一家风光的公司，最终在 2016 年 4 月 5 日于其官方公众号上发布文章《认识这么久，第一次说再见》，宣布倒闭。

2015 年末，北京的第一场雪来得比往年都要早一些，似乎是在暗示资本寒冬即将开始，一场大雪，慢慢冻结了"博湃养车"的命运。

也许，这只是资本寒冬的一个开始。

无数 O2O 行业因为有资本加持，扩张起来肆无忌惮，发放多到极端的补贴来吸引用户，"博湃养车"也还是如此，每单单价甚至低到 1 元钱。

很多 O2O 行业都将希望寄托于使用补贴大战来吸引用户，之后再从用户上获取利润。只是，盲目追求用户增长，不考虑稳定长远的盈利模式，是多数初创公司都会犯的毛病。

2016 年，一批又一批 O2O 初创公司破产，"博湃养车"的倒闭为这场刚刚拉开帷幕的资本寒冬增添了几分悲壮色彩。

前面也说过，上门洗车、上门按摩等本就是伪 O2O 模式，且利润很少。在无法获得盈利时，利用补贴吸引大量用户，用户加速增长也意味着企业加速灭亡。

当一家企业开始减少市场投放时，如果新的活跃用户不再增加，旧的活跃用户也开始离开，那么，很有可能这家企业是在烧钱模式下换来假象繁荣，寒冬到来时，不再有新的资金，公司也便难以生存。

资本寒冬后，往往尸骨累累，这是被裁员工所躲不开的追杀，他们要为自己的选择埋单，也要为创业者的错误埋单，一起在冬日的酷寒中煎熬。

8.3 被裁员？为何那些员工逃不开这场追杀

当滴滴与优步合并，很多人都认为，这是这场寒冬的气温最低点，预告着即将有一大批创业公司死去，引发一阵又一阵裁员潮。从 VC 和 PE 的投资情况也可以看出，这场寒冬，持续得太久了。

显而易见，冬天真的来了。

当投资者回归冷静，创业公司必然会有一批获得不到融资，在这种情况下，为了生存，他们被迫会选择裁员。

裁员像是一场追杀，有人能够一笑而过，逆行而上，从血海中杀出重围。更多人在这场资本寒冬的追杀里，成为牺牲者。

是什么原因，让他们逃不过追杀呢？

在资本寒冬未来临前，是一场所有人都脑袋被冲晕的狂热期。2014 年下半年到 2015 年夏季，资本的狂热让互联网人成为了香饽饽。各创业公司纷纷拿到了巨额投资，开出超出市场应有价格的薪水来挖人，让候选人们都自视过高，没有经验、实力一般的技术人员也敢一开口就是 15000、20000。

没有人愿意冷静下来，"人傻钱多速来"，终于将整个互联网市场都炒到了失控的边缘。

如今，我们再回望疯狂的那一年，会发现，躲不开资本寒冬追杀的那群人，也正是当年那些无法正视自身实力，随意要价，又乘着风口不断跳槽，将薪资炒到极高的那群人，还有看互联网来钱快匆匆报个培训班便转行的投机者们。

当寒冬来临，最先倒下的便是他们。

因过去资本的狂热，让他们认为自己可以轻松找到高薪工作，总之会有无数初创企业开出高薪对他们伸去橄榄枝。于是他们便失去了危机感，日复一日，懒散度日，最终成为了在"追杀潮"中死去最快的人。

裁员，其实本是一件正常不过的事情，也有很多种原因，有资本寒冬下让公司融不到下轮投资而被迫裁员，也有团队成熟后所作出的理性主动裁员，但往往被裁员的最大原因难道不是员工本身实力不济吗？如前文提到那些在风口中漫天要价的被裁员工。

除了文章开头提到的两个极端案例外，大多数在这场资本寒冬的追杀中倒下的被淘汰者，都是没有危机感忘却自身努力的人。

资本寒冬背后的裁员，往往也是一轮新的洗牌，更是一场大浪淘沙。

李言也遭到了这场资本寒冬的波及。他并不是一名好员工，有两次被开除的经历，都是国内知名的互联网公司。在第二次被开除后，他加入了现在的这所初创公司。

"如果这家公司倒闭了，我想我会歇几天吧，实在不知道还能怎么办了。"

李言望着窗外，眼前摆着一杯喝到一半的咖啡。他现在在一家做直播的小公司里，他告诉我，现在整家公司人心惶惶，都说公司可能随时会经营不下去。

直播掀起了"百团大战"，看上去，它是最抢眼球、黏性最高、最为火热的产品，容易带来高流量，想要变现也更容易，除去数家巨头企业在直播厮杀外，仍有不少小公司想要分一杯羹。

"怎么可能在与大公司的厮杀中在存活下来呢？直播上面的观看人数，我想不用我说大家都知道是造假的吧。"

直播产业是在风口上，看似没有受到资本寒冬的影响，但颓势已经慢慢出现。近日来，已有几家做直播的小企业宣告破产关闭，和 O2O 行业一样，热潮之后便是退温，再入寒冬。

人们争先恐后地涌入风口。站在风口上谁都能飞，飞得越高，跌得也越痛，可能跌得伤痕累累，甚至头破血流。

资本寒冬与其说是对初创企业的一场灾难，倒不如说是一次残酷的挑选。对于头脑清醒、战略清晰、盈利稳定的初创企业而言，这场寒冬更像是机会，冬天对他们而言并不算冷，因为他们早已备好了过冬的粮食和衣服。

对于未准备好的初创企业，一腔热血刚刚洒出，便遇上一股寒流，于是热血变凉，尸骨暴露在雪地中。他们在寒冬中挣扎，被迫裁员，以求自己不会是路旁的森森白骨，这是一场被裁员工注定躲不开的追杀。

无论是从经纪人转行做外卖骑手的王峰，还是 3 个月没有收入随便找份工作只求生存的吴倩，又或是担忧公司随时倒闭的李言，他们都在这场资本寒冬的追杀中慌张逃窜，无力躲避。

李言不再说话，他望着窗外的车流，陷入了沉思。或许他在担心，晚上打开内邮，是被裁员的通知，若找到下一家公司，能挺过这场寒冬吗？李言没有注意到，他点的热咖啡，已经凉了。

我在上面说的很多悲惨案例，让我得到一个结论：早早享受、追求所谓稳定的人，往往以后最容易活得不稳定。

那么，产品经理，如何在寒冬时避开被裁员的危机呢？我给你 6 个建议，让你清楚企业是怎样想的，你又该怎么去做。

- **当公司不能让你能力成长，你应该选择换个环境**

一家优秀的公司，一份好的工作，是会让你快速成长的。不要相信有些人为你画的饼，他只是希望你变成一颗好用的螺丝钉。实现你的个人价值，才能实现公司价值，不要本末倒置。

- **少加班，利用空闲时间充电，增强个人能力**

加班永远是低效体现，当你全部时间都用来"为公司付出"时，当你没有稀缺性个人价值时，当你被裁掉时，上司的理由会是"是你跟不上公司步伐"。别相信这套理论，可以去认识一些 HR，看看他们制定的话术，你会有惊喜。

- **总是谈情怀、谈团队精神的，往往最没情怀最没精神**

做一个结果导向者，当团队给不了事情到底怎么完成的答案时，情怀只是借口。别忘了传销组织多有"情怀"。

- **忘掉 HR 给你宣导的企业文化，直接看人**

看上司的战略部署，看同事的工作效率，还是那句话，结果导向，不要相信口号。

- **利用跳槽成长，但别滥用**

HR 不喜欢太跳的人，跳槽别太频繁，正常跳槽节奏是 1-2-5，或者 2-3-5，世界上像 Facebook、Google 或者国内早期 BAT 这样值得你呆 10 年以上的公司没几个，合理利用跳槽是实现自己成长的手段之一，但别滥用。

- **多掌握过硬技能，多了解最新行业动向**

对于产品经理而言，安稳是最不安全的打法，你要做到被裁了立刻有猎头找、辞职了我单干也能活的水准，这种看似不安稳的状态，才是真正的安稳。

我们生活在前所未有的时代，它瞬息万变，一旦享受安乐，说不定下一个跌入深渊粉身碎骨的便会是你。

你，究竟该怎样活，才会有新的可能性？

对于 T 型产品经理来说，这一切完全取决于你的思维方式。

- **目标思维**

目标感强烈的产品经理，更容易实现目标。

这是很容易理解的逻辑，一个很清晰知道自己要什么的并有强烈愿望去实现目标的人，会想尽方法找到接近目标的方法，最终一步步执行，达到目标。

目标思维说的不是白日梦，每个人都有梦想，可空想从来不是目标。躺在床上心想"我要成为亿万富翁""我要拥有八块腹肌""我要成为著作等身的作家"谁都会，但最终做到的没几个。

目标思维指的是：知道目标是什么，并为实现目标制定一系列的措施、时间节点，为了实现目标，无论发生什么困难，都不断坚持。

所以，目标思维更多是指一个人是否有拆解目标、执行计划的能力。

- **自我价值思维**

除了技术上的问题，产品经理还要问自己以下三个问题。

你为什么存在？你怎么证明自己存在？

你为什么是你？你与别人的差异在哪？你又如何证明你与别人不一样？

你活在这个世界上，能带来什么？能留下什么？你有没有想过你活着的意义？

以上问题都很宏大，无非都指向一个词：自我价值。

虽说人各有志，但若总是随波逐流地活着，总是不为实现自我而活着，所谓的追求"安稳""平凡"倒不如说是一种逃避。

这里的自我价值，不是让你创作成为艺术家，也不是让你从商赚大钱，更不是让你从政改变世界，而是你要知道，你活在这个世界上的价值到底是什么，你要实现的自我价值是什么？

也许你要实现的自我价值是保护好你的家人，不是所谓的改变世界，但只要实现了，你也是一个伟大的人。

如果你要实现的自我价值是创造更好的作品，不关心儿女情长，那么你也不必在意别人的眼光。

自我价值没有高贵低贱、容易困难之分，只在于你"有没有"和"能不能实现"

- **交际思维**

如今的时代是"酒香也怕巷子深"，对于产品经理来说，也是如此。

我如此评价"人脉"的意义：人脉有没有用，体现在你的价值有多大。一个毫无价值的人，再怎么苦心经营人脉，都是没有用的，因为他无法给别人产生价值，并且他的初心也只是巴结他人提升自己。一个有价值的人，所经营的人脉才是有效的，只有相互提升，别人才会愿意与你交往。

在这里，我们先剔除那些"只肯经营人脉，不肯花时间自我充电"的人，着重聊聊具备一定实力的人。

很多人会恃才傲物，在不经意间，得罪了无数本能成为朋友的人，破灭了无数本可变为机会的时机。

人必须要有交际思维，哪怕不从功利的角度去谈，从基本的为人处事来聊，我们也要具备交际思维，维护与好身边人的关系，对你终归是百利而无一害的。

- **危机思维**

"死于安乐"这句话不是没有道理的。

乐观主义不是"危机思维"的反义词，乐观主义是说在看见危机时依旧保持冷静并找到解决方案，缺乏危机思维则是始终看不见危险所在还一味自我安慰、享受轻松。

在舒适圈里，会放松警惕，人在险境中，反而会提高警惕。若不能未雨绸缪，那么，先前建立的一切成就，都会在危机降临时荡然无存。

危机思维会让你始终保持警惕、冷静，在众人舒适时你崛起，在危机爆发时你存活，如此一来，笑到最后的人，自然会是你。

追求安稳不是错，我们耗尽精力所期待的，除了伟大的梦想外，不还有那一份安宁的"小确幸"吗？

所以，为了这份"小确幸"，你不能时时刻刻都躺在安稳的舒适区里。

如果你的思维模式已定型，如果你不具备更正确的思维的方式，那份"小确幸"会离你越来越远。

以上四种思维方式，你掌握了吗？

在寒冬中，千万别成了那个被裁员的产品经理。

第 9 章

外行人如何跨界到互联网行业做产品经理

本章中，我将分为三个部分，第一部分是从传统企业跨界到互联网企业的案例；第二部分是低学历、培训班出身的人跨界到互联网行业的案例；第三部分是技术人员跨界为产品经理的案例。

9.1 远离舒适区：站在传统行业与互联网行业的交叉口

跳槽像一面棱镜，能让你从中认识到行业的残酷。传统企业也让 Paul 感受到了危机感。

Paul 对见面格外谨慎，在两次电话沟通后，他才慢慢放松下来。

他很有时间观念，比约定时间早两分钟到达地点，戴着黑框眼镜，外表斯文，穿衣讲究。

Paul 是上海本地人，高学历、高薪水，一路走来看似顺风顺水，但他耸了耸肩膀说："可能因为快三十岁了吧，总是有危机感。"

硕士毕业后，他入职了一家知名传统企业，主要工作内容是产品运营，勤勤恳恳工作 4 年后，虽说拿到了不错的薪水，但他担心过于舒适的工作环境会让自己的核心竞争力慢慢变弱，甚至消失。

Paul 非常清楚，人在舒适区待久了，就会懈怠，如今互联网正处风口，给传统行业造成一轮轮冲击，他身边有很多朋友都在互联网行业工作，并且 Paul 认为，他的朋友们的生活状态是他想要的。

"每年都能在新闻上看见我们公司的财报是净亏损的，这对于我们非管理层的技术人员来说好像并没有什么太大压力，我依旧可以拿着高薪，享受好的待遇。但我常常陷入在焦虑中，担心万一几年后被裁员了，再考虑转型就晚了。"

Paul 举出几个例子，说自己前公司推出了几个产品，都在竞争中惨败，更迭速度总是比不上新兴的互联网企业，Paul 时常在想：是不是传统企业真的要面临淘汰了？经过长久考虑，Paul 选择了辞职，想要转型做产品经理，虽然之前做的是运营，但他自信自己能做好产品经理。他在招聘网站和猎头们那里获得了数个面试邀请，从中选取了几个去面试。

几轮面试之后的结果证明了 Paul 的担忧：他的技术在传统行业工作 4 年后，显得有些脱节了。

他首先面临的是拒绝。一家已上市的互联网公司，没有给他发出 offer 的原因是：Paul 虽在面试中表现良好，但的确没有实际做过产品经理的经验，就能力而言，并不适合加入到他们的团队。

另外两家初创互联网企业给 Paul 伸去了橄榄枝，可惜，仍发生了不少让 Paul 苦恼的事情：

A 企业在与 Paul 面试后，认为 Paul 虽有名校光环且有 4 年工作经验，但从面试结果来看，认为 Paul 现有的技术能力和他目前的薪资完全不匹配，开出这份薪资录用 Paul 性价比太低了。

A 企业提出：Paul 如果能够接受降薪，可以考虑给 Paul 复试的机会。

"大多数人跳槽都不能接受降薪的，我也一样。"Paul 说这句话时语气很坚定，他的食指与中指在桌面上来回敲打，"工作 4 年了，跳槽时不可能没有一点想法的，如果不能涨薪，起码也要和原薪资持平吧。我想再看看其他机会。"

屋漏偏逢连夜雨，事情未能朝着好的方向发展，反而和他最初选择离开传统行业时的忧虑越来越接近：Paul 的核心竞争力在慢慢减弱。

另一家刚 A 轮的初创公司给 Paul 开出了他现有薪水的 offer，可 Paul 并不打算入职。

原因是，在几轮"打击"之后，Paul 的危机感越发强烈，认为自己的确因为在传统行业的过于舒适，导致技术水准不断下降。他想要的是一份可以给他技术带来提升的工作，这家公司虽然能给出不错的薪水，但对比他原来所在的传统企业，新工作依旧不能给他带来技术上的提升，入职也违背了他的初衷，慎重考虑之下，Paul 拒绝了这份 offer。

从与 Paul 的几次沟通中能够看出来，Paul 是个不骄不躁且很有上进心的青年，他期望能够鱼和熊掌兼得，只是现实让他陷入了困境。

这不是 Paul 一个人所面对的困境。

互联网不断冲击着传统行业，让无数身处传统行业的候选人产生了危机感，他们往往都是名校背景，享受着高薪水，公司福利待遇也好，压力也没互联网企业那么大，其中有不少人慢慢习惯了这种安逸的生活，但也有很多如 Paul 这样有危机意识的人，选择跳出舒适区，看看互联网行业到底是怎样的情形。

光环卸下的那一刻，他们才发现：他们引以为傲、赖以生存的技术，成了自己最严重的短板。

Paul 代表了大多数想要从传统行业跳槽到互联网行业的产品人的现状，他的困惑也很具代表性。

虽然 Paul 一直都在强调他很有危机感，他很想提升自己的核心竞争力，但到了真正抉择的时候，却暴露出了其在传统行业浸染已久的毛病——享受安逸。

他始终无法接受降薪，将光环看得太重，从而错过了可能提升技术的机会。

对于 Paul 来说，他选择出来看看并不是迈出第一步，他只是迈出了半步，还未踩在地上。慢慢习惯互联网行业的快节奏，且能愿意接受降薪换取一个更好的发展，才是真正迈出第一步。不仅对于 Paul 是这样，对所有想要从传统行业跳槽到互联网行业的候选人来说，皆是如此。

9.2　低学历、培训班出身的人，能做产品经理吗

有人把高考比作出身贫寒学子的翻身仗，"一考定终生"的观点也常被人诟病。现如今，似乎学历越高薪资越高已成了共识。

事实真的如此吗？低学历人群注定无法得到高薪？

上周，我采访的几个候选人，给出我们不同的答案。

Ward，25 岁，高中学历，高薪产品经理。

2007 年的暑假，绝大多数高中生正在狂欢或补习，16 岁的 Ward 跑去了画室，

呆了两个月，闲不住的他在暑期结束后，便出去工作做平面设计。

"那个时候什么也不懂，但已经发现自己对设计感兴趣，就去学了画画。后来，又发现自己在技术上有天赋，并且很热爱，就决心自学。"

对于初入社会的 Ward 而言，本应懵懂的年纪承受了很多不该那时承受的辛酸。而如今，在社会跌爬滚打八年多的 Ward，仅仅 25 岁，年薪已 40 万。

"哪里有那么容易，所有的一切都是拼来的。太累，每个月有四五天通宵，很多时候受不了。我去医院检查了一下，医生说我熬夜太多，肝功能有点问题。这些年来，白天要开各种会，所以晚上各种加班。妻子有时候也劝我别那么拼。"

2008 年，他做了一年产品助理，2009 年上半年跳槽，去了处于初创期的新公司，2010 下半年就正式成为产品经理了。

"日拱一卒，功不唐捐，可以十年不将军，不可一日不拱卒。"谈起不断学习新技术的日子，他说："有些东西只要肯学，就一定能学会。"

在初入互联网的过程中，他常闷在屋里看书，看到昏天暗地，合租的室友们总嘲笑他：装什么装。他闷着声，不管不顾，依旧一本本读着。沮丧、失落与迷惘虽常有，但每当坐在书桌前，他都会轻轻擦拭键盘上的灰尘，继续看书。

"回过头想想，我的坚持是对的，事实证明他们错了。"

很快，因多年来的拼搏与不懈努力，他的技术便极为深厚。4 年的产品经理经历，让他获得了高薪。

从在宿舍里一本本看书，到独立开发产品，他花费时间很短，这本是值得夸赞的事情，他却说："这些年我一直提醒自己一件事：千万不要自己感动自己。大多人看似努力，不过是愚蠢导致的。在学习生涯中，有很多同学无比努力却成绩不好，在我高中时更是很多人如此，什么熬夜看书到天亮，连续几天只睡几小时……如果这些东西也值得夸耀，那么富士康流水线上任何一个人都比你努力多了。"

在他的技术和能力愈发扎实且系统化后，他选择了从传统行业跳槽到互联网行业，所在公司正属于快速增长阶段，由于他毋庸置疑的能力和强烈的责任心，他被迅速提升做产品总监。他负责的产品以内容为导向，日活量 30 万。

"人难免有自怜的情绪，唯有时刻保持清醒，保持一个高的眼界，才能看清真正的价值在哪里，傻乎乎的努力只会是劳模而不是优秀。"25 岁的 Ward 拿下 40 万年薪的 offer，如此说道。

目前，他已是一家之主，有了妻儿，事业稳步上升，告别那个在画室里画画、在宿舍里看书的少年，他仅用了 8 年。

Lincoln，33 岁，未参加高考。

高考对于 Lincoln 而言并不是翻身仗，因为他没有参与这场战役。2003 年，他因家庭变故未能参加高考，导致学业搁置，对于多数人而言，即便高考失败也好歹能读个专科，而他，干脆把学历停留在了高中。

他最常谈及的并不是未能参加高考，在 Lincoln 看来，高考只是可有可无的一段经历，并不重要，他总感叹："刚出来工作时，常常加班熬夜，回到家里也不睡觉，一碗泡面，半包烟，看一晚上产品类的书。那时候哪里会想得到现在，只是因为喜欢，就能不停去学、去想、去写。"

2004 年，Lincoln 正式工作，前期做为产品助理，他从实习产品助理做起，一路成长为国内一线互联网公司产品总监，热爱产品的他，即便升到管理层，他也时刻保持着亲历亲为的习惯，因此他的实战经验丰富，解决实际问题能力强。

"一个人成功与否，学历向来不应该被用作当借口。能不能成功，关键还是看那个人有没有用心，有没有毅力把事情去做好。"

3 年时间升到产品总监，野心勃勃的 Lincol 自然不满足于只给别人打工，他创业了。他创办的公司主要从事软件外包研发业务，负责公司软件 Web 产品的项目管理、架构设计、策划，并参于开发。这一做，就是两年，最终以失败告终。

"那是段宝贵的经历。创业是水到渠成的事，可不是仅靠一腔孤勇就能做到的。当然，如果再创业，我会有信心的。"谈及会不会再次创业，他笑了笑，这么说道。

创业失败后，Lincoln 回到了原公司，逐步晋升至国际网站业务研发部负责人，管理国际业务事业部开发、测试、项目经理、架构师团队，负责国际网站相关系统的规划、构建、交付和维护，团队超过 60 人。

回归后，他重构国际系统，设计了国际网站满足今后 5 年的架构方案。在这 5 年间，他带领团队按计划完成了既定项目，保障了国际网站业绩指标的达成，重新设计了国际网站的架构，使其性能提高了 30% 以上。在提升了测试团队的技能和自动化测试比例的同时，他还提升了测试团队的效率，并使国际网站营收超 15 亿，同比增长大于 50%。

2015 年，他选择跳槽，成为一家创业公司的合伙人之一，管理超过 60 人的团队，年薪 80 万。

有个词叫"幸存者偏差"，以上几个案例自然是挑选出来的特例，我们从不会倡导"读书无用论"，更不会鼓吹"反智文化"。

学历并不是考核薪资的唯一标准，事实上，越来越多的人通过自身坚持不懈的努力，获得高薪 offer，甚至自主创业成功。虽然他们在学历上并无优势，却从未放弃过学习，相反，他们甚至比大多数人在学习上投入了更多的精力。

在如今的大环境下，行业风向始终变化莫测，当市场回归理性之后，薪资衡量标准会更倾向于：为公司创造更多价值的人，获得更高的薪水。

无论是谁，若要成功，就必须始终保持清晰的头脑，做出冷静的判断。既像海绵一样吸收养份，又像计算机般高度分析，在学习、思考、实践、反思、归纳总结中不断成长，胜不骄败不馁，百折不挠，才能苦尽甘来。

未来，我相信，低学历获得高薪将不再是个例。

以上是低学历的案例，那么，培训班出身的呢？

常见 HR 列出培训班出身的产品经理的种种"罪行"：

"基本功太差，有很多不规范的坏习惯。"

"缺少自我学习能力，缺乏主观能动性，总希望一步登天。"

"没有创造力，从不思考问题本质所在，成天混日子。"

也有 HR 说："产品大牛从不问出身，无论是科班出身还是培训班出身，都会涌现产品大牛，技术水平向来与出身无关。"

在互联网时代，产品经理的薪资水涨船高，让很多人羡慕，不少科班出身的产品经理也抱怨培训班出来的拉低了平均水准。

接下来，我分享两个事例，同样是培训班出身，一个年薪 30 万，一个却屡屡碰壁，或许，你能从他们的故事中获得你想要的信息。

章路，28 岁，年薪 30 万。

章路坐下来，打量四周，抿一口咖啡，说："咖啡太甜了，我最近在保持身材，我只喝一半，见谅啊。"

他语速极快，逻辑缜密，并不如大众印象中的产品经理，他穿着讲究，自控力强，拿起菜单时甜食一概不点，他看了眼手腕上的机械表，说："时间有些紧，我们就聊四十分钟左右。"

章路是个有着近十年工作经验的产品经理，他自称是个"控制欲极强"的人，无论时间还是身材都要被自己牢牢掌控，做产品时更是要追求"极简主义"。

"乔布斯知道吧？他也不懂技术，我就是和他对待产品的态度一样，少即是多。"

聊起培训班，章路摇了摇头，说："师傅领进门，修行看个人。培训机构给我打了个基础，让我知道产品是怎么一回事，但真刀实枪上了，都要靠自己慢慢研究，不断试错，不断反思，改正坏习惯，追求极致，才能做好。"

章路巧妙避开了"培训班是否能学到东西"这个话题，他靠向椅背，比划起来，说："我就不拿自己举例子了，说个大家都知道的。张小龙从 QQ 邮箱到微信的经历，你知道吧？"

他举了很多案例，语速依旧没有减慢，很多名人、热词不断跳出，他指出培训班的弊端，"就像是去驾校学车考驾照，在那儿你能学到实用的开车技术有多少？不多吧！考完驾照后，你得经常去路上开，你才能开得好，如果把驾照丢家里，几年不碰车，不还是一样吗？这样你能理解吧？技术活就是这么一回事，得不断去做、不断去想，精益求精，才能做得好。"

整个采访过程中，他滔滔不绝，仿佛把握话语主导权是件很重要的事。他并不太谈及经历，但举出的案例都直击痛点。

他说完，眯眼微笑，沉默了几秒钟，看了看手表，说："呦，四十五分钟了，超过时间了，抱歉啊，我得回去了，还有事要做。"他起身，礼节性冲我笑笑，点点头，转身离去。

那杯咖啡，恰好喝到一半。

"培训班出身"并没有让章路差人一等。

章路的成功也不能说是特例，他有着绝大多数成功者都有的特质：毅力强，逻辑缜密，清楚自己想要什么，执行力极强。更为重要的是：他热爱这份事业。

培训班的经历对于章路来说依旧是必要的，正如他所说："师傅领进门"。培训班的学习无疑只是基础，若想成功，仍是要一步一个脚印，稳扎稳打，把技术打牢。

小雪，23 岁，月薪 5500。

"不好意思不好意思，路上堵车，所以迟到了。"小雪坐下，气喘吁吁，吐吐舌头，连声抱歉道："让你久等了。"

小雪刚毕业一年，在两家公司当过前台，都工作未满一个月便离职了，离职主要原因是：工资低。小雪和章路是老乡，相识已久，她早听说章路的"逆袭"故事。她决心转行，报了个培训班，学了半年后，开始找工作。

让她没想到的是，新一轮碰壁才刚刚开始。

"天知道怎么办呢，"小雪叹气，"走一步看一步吧。可能是我最开始没想清楚，觉得做产品经理赚钱多，就脑子一热报了个培训班，结果换了两次工作，工资也没涨多少。"

她扭过头，撩了下头发，略显焦虑，用右手轻抓左臂。

"也就是说，你毕业一年，有半年时间是在培训班，另外半年换了 4 次工作了？

"对，两次前台，3 次产品经理。"

其实，她做的只是产品助理，只是她很不好意思承认，故意强调是产品经理。小雪毕业一年，做到第 5 份工作，她似乎并没有意识到问题所在。

"那培训班都教了你什么呢？"

"也没教什么吧，都是些书本上的东西。出来工作了，还是靠自己。"

"你一般都怎么自学呢？什么时间自学？"

"百度咯，翻书咯，问人咯。"她笑了笑，"除了这些也没别的办法了。什么时间啊？上班时候咯，遇到问题就开始查开始问。老是加班啊，所以下班后也就没心情没力气看书了。"

她很诚恳，也很热情，而且说话很跳跃，在提起培训班经历时，她总说着说着就聊起那时候买的化妆品、谈过的男朋友。

"不好意思。我这人就是爱跑题，说话没什么逻辑。"

"那……对未来你有什么规划呢？"

"谁知道呢。走一步看一步吧，真想跟章路一样，年薪 30 万呢。"她撑着下巴，睁大眼睛，出神望向窗外，一辆跑车疾驰而过。

并不是"培训班出身"的问题让小雪不断碰壁。

小雪之所以得不到满意的薪资，是因为她缺乏清晰的职业规划，也不热爱技术。她只是觉得能赚钱便加入到这个行当，却没强大学习动力作为其背后的支撑点。

她将问题怪责到"培训班学不到东西"上，也不满现状，但并没有真正思考过如何改变现状，她缺少一个信念作为支撑点，且极缺大量练习与试错反思。

丰厚薪资让无数人对"产品经理"这个岗位眼红，正因为有市场需求，才导致培训班如雨后春笋般涌出。对多数刚转行的人而言，他们难以分辨这些培训班的好坏，从而容易被"120 天速成，年薪 50 万"等文案所诱惑。

事实上，培训班就是成人教育，无论是大学还是成人培训，都是教会你如何使用工具，而工具能否掌握娴熟，要看你能不能日复一日地操练。

两个截然不同的案例，说明了同一个问题："差人一等"从来都是伪命题，出身只代表着起点，到达终点前的过程才是最为重要的，虽然可能会走弯路，但亡羊补牢为时未晚，只要看清方向，不停奔跑，自然会抵达终点。

9.3　从技术到产品，可行吗

2016 年 10 月，小 A 拿到了新 offer，年后入职，29 岁的他提起这份工作，对收入较为满意。小 A 是上海本地人，名校出身，大学读的金融系。在第 4 章中，我们提起过这个案例："2010 年末，毕业半年后的小 A，对银行朝九晚五的工作环境感到厌倦，凭借大学时期靠爱好自学的技术，转行做了 IT，主要工作职责是技术支持与维护客户端，一做，便是 4 年。"

在第 4 章，我们写到了小 A 的成功转型，关于之前的技术经历，小 A 是这么说的："要说好处，当然有，来到这家公司，算是让我初步了解了互联网公司的氛围，也让我知道在互联网公司做技术是怎么一回事，这两年多 O2O 互联网行业的工作经历对我未来的规划仍是有帮助的。"

提及如何看待互联网行业的热门与高薪，以及问到他为何选择互联网行业时，小 A 比起动不动就喊着要改变世界的应届毕业生来，头脑冷静得多，他说："我更看重的是爱好、技术与个人成长，目前互联网行业是门新兴行业，业内平均收入也仅次于金融行业，自然会吸引一批想赚钱的人进来，无论是创业者还是打工者。不是说我不在乎红利期，我也在乎红利期，财务自由是任何一个阶段的人都需要考虑的。只是，我选择互联网行业，是它能更快提升我对技术的理解，完成我最终的职业追求，再加上我没有要去做管理的心，更想不被人打扰从而去专注技术，在互联网行业，某种程度上可以实现这一点。"

如今，不少程序员开玩笑，将自己称之为"高等车间工人"。互联网行业的高速发展，使得一个项目往往由多名程序员合作完成，每名产品经理所写的都是专属他的模块。对于越来越知道自己想要什么的小 A 来说，这是可以接受的工作模式。

"我并不会觉得这样会失去创造性，技术人更多想要的，是不被打扰的工作。"小 A 说。

"随遇而安？你觉得用随遇而安来形容你准确吗？"我问。

"可以这么说吧，不过……"小 A 挽了挽袖口，说："不过，我还是有规划的。"

小 A 的新工作是从产品助理做起，他对未来有着更为清晰的规划，他凭借聪明的头脑和过人的毅力，目前从零开始，想在以后完成更彻底的转型，做一名产品经理。

"最大的压力是年龄和家庭吧。你想，快 30 岁的人，有一份月薪 1.5 万、16 薪的稳定收入，如果要转型 Java 工程师，我会和 6 年前一样从头开始，至少收入方面，会大打折扣，这是一个很大的挑战。"

小 A 从非互联网行业到互联网行业花了 4 年，在互联网行业呆了两年后，在种种冲击下，他的工作意识开始转变。更准确点来说，小 A 是"深思熟虑、步步为营的随遇而安者"，小 A 的每一个选择都是基于他的爱好，基于他最想要的初衷，无论是 6 年前学习运维，还是如今学习产品，都是自学，没有参加培训班，靠着毅力和兴趣完成一次次转型。

对于不少从非互联网行业跨行到互联网行业的人来说，兴趣是最好的老师，也是促使他们转型和进步的最大动力，小 A 自然也是互联网大环境下的受益者，迫使他更去认真思考自身的职业规划，即便每步的举措都看似在冒险，但实际上都是有迹可循的。

并不是每个转行者都有着小 A 的头脑、家境与幸运，正如小 A 所说，"目前互联网行业是门新兴行业，业内平均收入也仅次于金融行业，自然会吸引一批想赚钱的人进来。"

小 A 可以凭借纯自学完成转型，但不少非互联网行业的从事者，只能通过培训班的训练做到技术转型。或者，有些人并不了解产品经理实际上是个高门槛的岗位，试图从产品经理入手，完成进军互联网行业的计划，最终惨败。

我在前面提到两个培训班出身的产品经理案例，章路是培训班出身的产品经理，他在工作 5 年后，年薪 30 万，小雪毕业一年，做了 5 份工作，没有一份工作月薪超过 5500 元。小雪期待着，5 年后的她，也可以和章路一样，年薪 30 万。

互联网行业是个风口，高收入令无数人羡慕，越来越多的人选择跳槽到这个行业来，有人本就是能力出众的产品经理，从传统行业来到互联网行业，有些人则是彻底转行，夹杂着各式各样的原因，来到互联网行业，从事技术、产品或者运营。

4 个月未见，小雪成熟了些，她依旧从事产品助理，终于选择了先安稳做着，磨练技术，而不是一有不满和挫折就选择跳槽。小雪仍在迷惘，她最近听了很多人的建议，意识到自己的简历对她日后的跳槽来说是种威胁——一年换了 4 份工作，没有 HR 会喜欢这样的简历。

其实，专业从不是考量一个人薪资或转行的唯一标准，例如小 A，金融专业出身，依旧有条不紊地按照计划前行。学历也不是考量一个人薪资或转行的唯一标准，和小 A 的高学历不同，章路也是专科学历出身，仍在学完培训班后不断自学，做到了年薪 30 万。

和小雪第二次见面时，她化了淡妆，问及她老乡章路的现状时，她摇摇头说好久没联系了。坐下来后，在我还没有提问前，小雪让我先讲一讲我所知道的案例，她说，"我需要听一听过来人的故事，毕竟我还年轻，我也不太想不做产品了，想继续坚持下去。"

在和她说了郝培强前妻的故事后，她沉默了许久。小雪现在住在上海闸北区，靠近上海火车站，房价高，街区较乱，上班步行加地铁 45 分钟。4 个月前，她每晚回去后，会选择刷剧度过一整个夜晚。如今，她也开始学着身边人，利用下班后的时间看书、实践，不断摸索。

我问她，"为什么当初会选择去培训班学产品，然后义无反顾来到了互联网行业当产品经理，即便换了 3 份工作，即便遭遇了这么多挫折，你还在坚持？"

"最开始是单纯不想一辈子当个没技术含量的前台，又看到老乡从培训班出来没几年后就赚了很多钱觉得羡慕。现在，自己真的开始从事这个行业后，才发现做产品的魅力，还有，互联网行业有种魔力。"小雪和以前不太一样了，似乎踏实了许多。"人为什么跳槽？归根结底还是因为不满足现状啊。但这个行业，有太多的可能性。"

刚入行的小雪，无法像小 A 般条理清晰地去分析整个行业，但她的确也在改变。小雪薪资不高，她开始学着少聚会、少买化妆品，将省下来的钱用来买更多书，学更多东西。她所住的地方，出来后是一条长长的小巷，在夜间显得格外幽静，每当有车辆从这里经过时，都会引起四周人的谩骂，她想快一点搬离这里，用高一点的租金换一个更好的环境。

在与小雪告别后，我电话联系上了章路，4 个月过去，他的生活并没有太大变化，依旧做着以前的工作，年近 30 岁的他，和小 A 有着类似的观点：求安稳不求转变。

还有一名受访人刘薇从事的岗位是产品经理，她上一份工作是在一家不融资的互联网公司做产品运营。市场营销专业出身的她最开始并没有"互联网行业"这个概念，直到做了两年产品运营后，在不断与产品经理打交道后，她对产品经理产生了浓厚兴趣。

刘薇很冷静，她没有盲目跳槽，而是在做产品运营的同时，不断向公司的产品经理取经，同时在空闲时间学习、实践。到感觉足够时，她选择了跳槽，从产品助理做起，最终成为了产品经理。

刘薇从市场营销到产品运营到最终的产品经理，职业规划似乎并不清晰，但她其实与小 A 有相似的地方：看似随遇而安，实则深思熟虑。刘薇如今很满意自己现在的工作状态，第一份工作从事营销，第二份工作从事运营，这两份工作的经历对她现在的工作内容来说，有很大的帮助。

"产品经理需不需要懂营销、懂运营，我不敢直接下定论，但是，至少对于我个人来说，我在从事营销和运营学到的东西，让我如今的工作很受用。我也很喜欢互联网行业的氛围，这很适合我。"刘薇很自信，一字一句道。

小 A 和刘薇是凭借自身的爱好迈入互联网行业，章路和小雪是看见行业的红火选择进入，每个人选择从非互联网行业到互联网行业的理由都有所不同，但有一点可以确定的是：在风口上跳槽的他们，职业命运都因互联网发生了微妙的转变。

这种转变是好是坏，我们不可以盖棺定论，不过，转变所带来的成长和思考，永远显得珍贵。正如 4 人中发展目前较为不顺的小雪所说："人为什么跳槽？归根结底还是因为不满足现状啊。这个行业，有太多的可能性。"

互联网行业，的确有太多的可能性，等待你去挖掘。对于本次的几名受访者，我们在最后都提出了一个相同的问题："如果回到多年前，你还会做出转行的决定吗？"

答案一致：会。

其实，看看这些案例，我们不难发现，情商也是产品经理的软实力之一。在这里，我重点讲讲产品经理必备软技能：情商。

如果你想在职场中受欢迎，想做一个情商在线的人。请牢记，别做爱抱怨的那个人。

要求他人做到什么前，你先要成为更优秀的产品经理。从最简单的做起吧，来看看，高情商的产品经理，一定不会说的 10 句话。

• 我不是早说过了吗

高情商的产品经理不会说出这类话。这类话的潜台词是：我不是早说过了吗？

不听我的吃亏了吧？早听我的就没事了嘛！

爱说这类话的人往往手高眼低，爱做事后诸葛亮。请牢记，任何事情，"做"永远比"说"来得可贵。

早说了，没有做，更显情商低。事情失败了，再来提，情商为负。

- **我不喜欢你的解决方案**

职场友谊终止于对职业技能的抨击。

低情商的产品经理常常为了表现自己的优越感，贬低他人的工作成果，来展示他所谓的深度。高情商的人，即便发现对方工作上的不足，也不会直接批评，而是会用巧妙的方式转移话题。

不轻易抨击别人喜欢的东西，不是虚伪，是高情商。试问，如果你兴高采烈地和我推荐你最喜欢的互联网产品时，或者当你说出你的思路时，我高冷回一句："真 low"。你会怎么想？

- **你这人怎么就开不起玩笑呢**

玩笑和攻击是两回事。

有些人，爱将攻击当做玩笑，体重较重的人不喜欢别人说他胖，身材不高的人不喜欢别人说他矮，每个人都有最反感他人提起的弱点。有类低情商的人，偏偏爱抓住他人的痛处开恶俗的玩笑，完了还不忘来一句，"你怎么生气啊？这么小气！"

低情商的产品经理，在沟通中，以为开玩笑可以缓解同事之间的关系，可惜，常常开错玩笑。

高情商的产品经理往往会发现他人的优点，毕竟，美的人，更容易发现美。

- **你懂什么啊？听我说**

低情商的产品经理通常不自信，需要靠打击别人来获取可怜的自尊心，例如第二点中所说的否认他人的工作成果。

他们爱逞口舌之快，硬是要说服别人才开心，强行输出个人站不住脚的观念，别人不听从便是别人"不懂"。面对真正的高手，他们强词夺理，发现他人的一点失误，非要当面指出且得意洋洋。

我见过一个高情商的产品经理，有个新人在他面前卖弄，说错了好多基本理论，可她始终面带微笑没有当众揭穿。换做那个新人面对这种情况，必定打断他人的话，发表自己的观点了。

- **我这人就这脾气，你能拿我怎么样**

脾气差还摆出流氓姿态，说出低情商的话，这样的产品经理真是无药可救。

低情商的产品经理，往往是智商低、素养差。高情商的产品经理，通常智商都不低，素养很好。

何谓情商？最通俗易懂的解释便是控制情绪的能力。高情商的产品经理很会控制情绪，并懂得注意他人的感受。

- **我丑话说在前头啊，我这是为你好**

低情商的产品经理常常说出世界上最自私的话：我这是为你好。

别总把自己当作拯救世界的救世主。

低情商的产品经理常常错将自己视作拯救世界的超级英雄，或是无所不知的哲人，只要不如他愿的，他就会觉得不对，摆出"我这是为你好"的姿态，双重标准，偷换概念，把自私当做无私。

每个人都有他自己的决定，只要不违法、不触犯道德底线，每种选择都值得尊重，很多丑话，还是放在心里吧，难听又无用。

- **XX、XXX 真讨厌，我跟你爆他们的料**

在他人背后说坏话，是情商低的直接表现，甚至可以说，是道德败坏。

低情商的产品经理，不仅当面说同事坏话，还在背后说同事坏话，这类人的口碑都最后往往很差，可他们还义愤填膺：我指出他人不好，你们还怪我。

我说过很多遍：高情商的产品经理具有发现美的眼睛，他们会发自内心的去夸奖别人，严以律己，宽以待人。面对批评，有则改之，无则加勉。

低情商的产品经理则会将这类高情商表现称之为虚伪，可见其情商之低。

- **你不完成我的需求就是不给我面子**

爱说这类话的人，通常都没人给他面子。

这就好比我很讨厌所谓的酒桌文化，大喊着"你不喝就不给我面子"一样，那些在酒桌上喝红了脸拍着桌子灌酒的人，格局很低，气质很差，素养很糟糕。饮酒是件浪漫的事，和高情商的人对饮几杯是享受，被低情商的人灌酒是折磨。

同理，在工作中把需求扯到面子上的产品经理，爱说这类话的产品经理，通常缺乏存在感，或者是想要刷存在感，专找好欺负的人去磨不可能实现的需求，让他把这句话对位高权重的人说，他会躲得远远的。

- **你要是这样想，我也没办法**

高情商的产品经理会去理解他人怎么想，站在别人的角度想问题，哪怕不认同，也不会随便甩一句："你要是这样想，我也没办法。"

这类话完美体现了什么叫"不负责任"，同样的话还有，"这事不归我管，你找我也没用，我也不想管。"

论天是怎么被聊死的，论人际是怎么变差的，论工作是怎么无法开展的，论需求是怎么无法实现的，论产品是怎么不断拖延上线的，说这句话就行了。

- **如果我是上司，我肯定会怎么样**

问题在于：你不是上司，你的所作所为都毫无意义。

这就好比，有类父母爱说：如果我是老师，我肯定把你作业打零分。可惜他们不是老师。有类人爱说：如果我是评委，我肯定把这些选手淘汰。可惜他们不是评委。有类写作爱好者爱说：如果我是作家，我肯定会写名著。可惜他们不是作家。

那句"如果"，便暴露了你身为产品经理的无能。

高情商的产品经理，会用他的行动和成绩告诉众人：他是谁，他会什么，他在做什么。低情商的产品经理永远在夸夸其谈，永远在说"如果"。

以上 10 句话，高情商的产品经理都不会说。

低情商的产品经理，会表现的行为远远不止以上 10 种。愿正在看这篇文章的你，能够戒掉这些话，做一个让人喜欢的产品经理。

不要去传播负能量的东西，也不要戾气满满地发泄情绪，克制、隐忍，善良、美好、纯真、坚持，永远是值得传承的品质。

你会是那个高情商的产品经理。

那么，我们再聊聊，高情商产品经理的首要原则：在他人背后选择夸赞。

我向来对一种人避而远之：图一时嘴快，刻薄语句如枪林弹雨直击人心，非要在言语上占个上风，让别人唯恐避之不及才爽快，并在你面前不断说他人坏话，以表现出自己的卓越不凡。

这类人典型的隐藏特征是：自卑，情商低。

无论如何，在他人面前诋毁另外一个人都是极其恶劣的行为，哪怕你多么认为你的观点有多正确，你骂的那个人有多糟糕，都改变不了你这种行为的粗鄙。

我有个不再往来的同事，她始终没太多朋友，原因还是归于她的负能量，她很有代表性。

某天，她约我出来，一坐下来便阴沉着脸，我问她怎么了，她冷哼一声，翻了个白眼，将她的上司和下属大骂一通。

她有个习惯，在骂完人之后，还要归纳总结一下，大致意思是：我骂她们是因为她们做的事不对，相较而言，我的做法比她们好太多了。

所谓的"不对"，莫过于别人没有顺着她的意思。在她的世界观里，顺着她的就是对的，不顺着她的就是错的。仿佛她的做法是圣旨，是法规，她是全世界最棒的姑娘。

我感觉很尴尬，数次想要转移话题，她却一次次强调"我是一个怎样怎样的人，所以她们怎么怎么错"。

后来呢，我当然也有所耳闻，她在其他同事面前如何说我的不是，她会在任何人面前说任何人的坏话。

终于，有天她踩着雷了，她给我的顶头上司发信息不断骂我，我的上司没有当场发作，也没过多回复。

上司把所有她骂我的话截图发给我，和我说："不得不说，她骂人技巧挺巧妙的，我决定发到公司内部邮件里去，抄送所有人。"

我哑然失笑。那个姑娘最后还是被开除了，还在微博发了句：所有人都那么恶毒，我什么也没有做错，为什么总是我受伤害。

姑娘……你这是要上天啊。

我那个上司大概是我见过情商最高的人了，毫不夸张地说，他是我见过最棒的产品经理。

他很会说话，却不世故圆滑，真诚是所有人对他的统一评价。他爱开玩笑，又懂得分寸，不会说出让人难堪的笑话。他会在工作中照顾好与他相处的人的情绪，不会轻易评价他人工作的好坏。他更知道如何沟通，如何让工作中的交谈变得融洽，所以，他是一名合格的产品经理。

我总看见一些戾气满满的人说：如果做产品经理，要让我虚伪去夸赞别人，我宁可做个心直口快的人，我才不要做那么假的人，我更喜欢真实的自己，当产品经理，就该像乔布斯那样，想骂谁就骂谁。

他们弄错了一件事：真诚赞美他人从来都不等同于虚伪和不真实。

他们更没想清楚一件事：他们自以为的心直口快，其实是素养极差、情商极低。

少在他人面前诋毁别人不会让你变得虚伪，发现他人身上的闪光点真诚给出赞美不会让你变得世故，这些并不冲突。

这名产品经理每次和我聊起其他人时，总会发现别人的闪光点，言表之间流露出真诚的欣赏。我常听见别人和我提起，上司在他们面前如何说我的好，细细听来，并不是奉承式的吹捧，他说的，都是一些难以发现的细节。

即便是前面提到的那个姑娘，我上司也没放弃她，始终开导她，成为她唯一的朋友。他从来没有当面反驳她，只是用他的行为告诉她，怎样才会成为让别人喜欢的人。

这一点，真让我服气。

世界很大，各式各样的人都有，我们在繁杂人间中精力有限，生活的忙碌已让我们疲惫不堪，再去面对那些负能量满满情商几乎为负的戾气青年，实在会让人叫苦不迭，我们只能远离。

在职场上，所有人都厌倦与那些总爱诋毁他人的相处，我也慢慢学会去发现他人的好，懂得真诚赞美。情商高或低，并不是一个人的唯一衡量标准，但成为更好的人，难道不是每个人该有的期望吗？

产品经理的情商，无论是在互联网行业还是非互联网行业都格外重要，在跳槽或转行时，更有着直接影响力。

我们无法评断非互联网行业与互联网行业哪个更好，这种命题本不存在，并且，互联网行业虽在国内愈发红火，也颠覆了无数人的生活，但从事互联网行业的人仍集中于北上广深杭等一二线大城市，从业人数占比仍是小众。

跳槽或转行所带来的转变，不仅仅是薪资，还有在大环境下对自身的思考，从非互联网来到互联网行业，会迫使你去思考，而你，会在期间获得成长。

第 10 章

有经验的产品经理如何做到专精

跟专精对立的是：大厂通病。

很多产品经理，并不是经验越丰富则能力越专精，他们很有可能已经患上大厂通病，在重复过去的经验了。

当新人产品经理们还在讨论"如何教育用户如何改变世界"时，有着三五年工作经验的"老手"们多半正默默画着 PRD，一语不发。他们也曾热血沸腾过，在需求群里与人争辩，好似生活里只有"写需求文档"和"沟通实现需求"这两件事情，哪怕将衣服穿反了去上班都无所谓。

从巨头企业抽身后，产品经理李远将目标选取为"B 轮左右初创企业"，理由是"我想要让工作内容丰富些，顺便希望大厂光环能让我涨薪多一些"，几轮面试下来，结果并不如他意。

我指出："关于涨薪，你想的并不只是所谓的顺便吧？"

他语气变缓慢，说："的确是很重要的一部分，大公司出来，总会想有优势，我不是为钱工作，我认为薪水上涨是对我能力的认可！"

李远特地将"能力"二字加了重音，我连续问了几个问题，他答得都不顺畅，最后黯然道："我的确没有想得太远，关于以后到底走哪条路。"李远在投简历后，收到了两个面试邀请，第一个面试没过技术面，第二个薪水给的不满意，李远未能接受。

种种迹象，都似乎在表明：情况慢慢脱离李远的掌控。他提起过两次关于和程序员对接需求的事时，并没有意识到他说的话已然重复，他说："当我需要他帮我完成某个需求时，我会在心里预想，让他用一天半时间完成这个量的代码，可当快要实现后，我才发现我漏了什么，我还需要他写另外一端代码，糟糕的是，他必须先写完那一段。"

脱离李远掌控的，还有薪资和职业发展，他越来越看不清未来的路该怎么走，名校出身、名企工作和还算不错的薪资，让他早已迷惘。

涨薪，降薪，宛如一只掐住命运喉咙的无形之手，让不少处在转折点中的大厂产品经理喘不过气。涨薪涨不上去了，并不只是代表收入不再可观，还从侧面证明了：职业危机悄然来临。

即便是 2016 资本寒冬年，据高端招聘互联网公司 100offer 的数据库显示，相较于 2015 年，资深互联网人在跳槽后年薪仍上涨 17%。潜台词可以理解为：寒冬乃大浪淘沙，淹没在海中的便是遭遇职业危机的沙子。

某产品经理张玮在接受我采访时说，他一直很关注网络上每隔一段时间推出的"薪资报告"，关于 2016 年的年度数据，他说："我相信各种数据都很真实，因为我身边的几个朋友去年跳槽时都在涨薪，只有我陷入了一个尴尬的局面，薪水上不去，提起来就觉得很愁。"

他和我说："我想我困惑的不只是能力无法上升，还有薪资。我从来不觉得谈钱是一件很可耻的事情，衡量人才的可量化标准之一便是薪资，除了能力问题，我认为还有更多原因导致我薪资无法上涨。"

张玮有 4 年产品经验，在大公司带过小团队。在他还是个新人时，他几乎每天加班也做不完工作，但出于喜欢，还是认真对待。后来，能力增长了，他反而不再伶牙俐齿了，竟和多数不擅长交流的程序员类似，没办法准确表达他的想法，所以，他常与对接同事们发生争吵，最严重的一次，他当众将杯子砸在地上。

玻璃碎片在地板上跳跃，发出不知是刺耳还是悦耳的声音，和压抑的办公室氛围形成鲜明对比。在争吵后，他选择了人生中的第一次跳槽，薪资涨 60%，张玮很是意气风发、得意洋洋，认定了未来的路也会如此顺畅，他的坏脾气没有随着职场环境的改变而变好。

他没意识到：对于产品经理而言，只发脾气而不好好沟通，是致命的。

到了新公司，他还是很忙，熬到他升职带团队时，发觉新人们各个水平不高，像极了以前的自己，凭着一腔热血天天加班，却总是在帮倒忙，造成的 Bug

甚至比解决的 Bug 还多，张玮没耐心，话说得在理却不友善，一天天下来，心力交瘁。

然而，这一次的跳槽，让他碰了壁。

"不了解新领域，技术的广度和深度都不够，我情商也不高，没有团队协作意识。"这是张玮第二次受访时做的自我总结。他用自嘲式的语气说，"我看过一项研究，追踪人十几年来的变化的，调查方向是成绩好的学生赚钱多还是懂社交的学生赚钱多，结果其实让我挺动摇的，研究结果是懂社交的赚钱多。"

张玮强调过：钱不是他衡量工作的首要标准，在大公司工作多年，薪水已经很不错了。当张玮说起这项研究结果时，我不知他是否在"首要标准"上也有了动摇。

李远和张玮陷入薪资瓶颈的心路历程，是产品经理们的代表案例：做不到专精。

三五年大厂的产品经理，已经有了一定的行业经验，明白不是所有人都可以骄傲地说出"我要做产品一辈子"这句话，他们亲眼目睹资本时而狂热时而寒冬，有人亲历过合并裁员之痛，有人享受过薪资三级跳之乐，更多人是沉默着敲击代码，一家家公司换，最终面临了一个严峻问题：本该让薪资大幅度上涨的工作经验，却面临了困境。

三五年大厂产品经理，薪资无法上涨，只是部分产品经理的现状，很多 HR 表明：三年大厂工作经验的优秀产品经理是企业重点关注的人才，招人时，他们是首选。

工作 3 年经验的产品经理年薪多数在 20 万 至 35 万 之间，大约相当于阿里巴巴的 P6 水平，5 年工作经验的产品经理年薪多在 30 万 至 50 万 之间，大约相当于阿里巴巴的 P6+，如果想要上升，便是 P7，从 P6 到 P7 有多难，众人皆知。候选人杨玲在工作 5 年后成为阿里巴巴 P6+ 产品经理，一年后涨薪，再往后，便遇上了瓶颈：整个团队 40 多人，仅有一人升到 P7。

对于这类级别的产品经理，在他们眼中，"金钱"和"年薪"是两回事，通过各式各样的正规渠道，使自己的收入提升，对他们而言不难，而年薪的突破，成为一道槛，突破这道槛的人，终归是寥寥无几。

急躁的情绪让所有人在赛跑，每个人都身心俱疲。陷入困境时，真的一筹莫展了吗？

阿文担任产品总监已两年，负责一整个产品线，他在百忙之中，接受了我的采访，聊到关于资深产品经理的定义时，阿文沉思了一会儿，说："资深产品经理？我已经觉得产品经理到了一定年限时，再怎么厉害，都不是产品经理了。"

处在薪资瓶颈期的产品经理很难真正懂得这个道理。显而易见，辨别出 Bug 非常重要，然而，面对很差的用户体验时，到底怎么优化，这个过程中能够确认最佳方案的产品经理太少。其实大多数人还是会骂用户事多。阿文认为影响产品经理薪资的要素，在于辨别的境界。

阿文工作 9 年了，难能可贵的是：他在开发产品时，仍有着孩童见到新玩具般的好奇心。

"很多人建议多读书，其实，我看书不算多，很多书写到最后，都是大同小异。我更多是拆解别人的产品，这个过程很奇特，我对那些太感兴趣了。我极度想要知道，别人到底是怎么做的，这个过程的逻辑又是什么。保持好奇是产品经理应有的素养。所谓的目标，便是在这个过程中设立的，然后你自己会去钻研，会一步步解决，最终有自己的东西和想要的未来。"

很多事情，回到本质上，都有着惊人的相似性。为何产品经理会面临职场瓶颈，想要突破的薪资始终难以突破？恐怕是他们仅将工作定义为工作，没有别的含义，问其为什么要工作为什么非要突破时，得到的答案都会流于表面，他们也羞于承认：我只是为了工作而工作，没有耗费更多时间去钻研。

从来都不是两个产品经理在同等时间中就能产出同等质量的产品来，耗费时间过多的那一方，并不是完美主义，而是实力有限。最终无法突破薪资瓶颈的，多是将太多时间用在消耗式产出上的产品经理们。

阿文也不是没做过"消耗"的事，他有过不少弃用需求文档的经验，可是他并不认为是浪费时间，他说："我是在节省时间。接手他人的文档时，与其花太多时间去掌握、去学习他的文档再完成需求，倒不如自己从头开始写。那些将教条主义和已有内容当作工具的人，很少会愿意这么干，他们不愿意去思考。事实上，在我的团队里，选择从头写的人，成长速度更快，效率更高。"

这不是阿文最"消耗"的经历，他甚至会选择市面上已有的产品，去倒推出别人的文档可能是怎样的，为此耗费大量时间。他并没有过多提及这么做的原因，但在我看来，这是他一次次突破薪资瓶颈的因素之一。

好在，他消耗的光阴，并不是毫无意义。

大厂产品经理们的焦虑、烦躁、不安和恐慌，鲜有人关注。多数人对他们都仅保存的刻板印象，以为他们的人生只有编程，甚至以为产品经理如同机器人，敲击着一行行文字，毫无喜怒哀乐可言，人间烟火和红尘俗世尚且与他们无关。

殊不知，他们也在时代的洪流中迷惘、困惑和挣扎，年薪无法上涨，成为他们的心头之痛。

当我再与李远微信沟通时，他隔了 4 小时才回复，他说："我打算降薪入职了。"

这不是个例，越来越多的产品经理打算降薪入职了。

前面几个案例，都是大厂产品经理，3 年经验的大厂产品经理，是 HR 眼中的香饽饽，本应在招聘市场上受到追捧，然而，最近我发现一名履历不错的产品经理，跳槽时未能通过面试，此反常结果令我感到疑惑。

在与他交谈后，我又与多名相似履历的程序员进行沟通，发现不少 3 年工作经验的大厂程序员，会因技术瓶颈陷入职业困境。

观察数名产品经理所陈述的焦虑表现，无非是：失去了主动学习的热情，不再刻苦钻研技术，长时间消息闭塞，对新技术、新领域不了解。

他们处在自信与焦虑的挣扎点，一方面对现有工作得心应手，另一方面又找不到技术和职场的突破口。当产品经理们技术处在瓶颈期时，自然会恐慌：无论资本处在盛夏还是寒冬，无法成长的人，注定是竞争中的牺牲品。

我认为，他们患上了"大厂通病"——工作 3 年后遇见技术瓶颈。

技术瓶颈的外在表现，往往源于内因。根据候选人们的表述，无法提升的内因如下。

1）成为熟练工种后，不再尝试挑战。

2）大厂加班过多导致缺乏个人思考时间。

3）精力过于分散，无法集中精力编程。

然而，细究所谓"大厂通病"，我们难以认同这些"内因"，它们更像是借口，也形成悖论：熟练工种会认为工作无压力，真正觉得工作轻松的人，会常无效加班、精力易分散吗？

让我们分别分析"内因"背后的借口是什么。

借口一：成为熟练工种后，不再尝试挑战。

很多出现技术瓶颈的大厂产品经理表示：他们技术提升最快速都在工作第一年，会花费大量时间钻研与学习。理由无非有二：其一，刚毕业具有冲劲和好奇心 。其二，工作对于新人难度大，会在磨练中成长。

当技能逐渐熟练，解决工作内容显得得心应手时，他们会失去好奇心，失去压迫感，从而满足现状，放低自身要求，认为工作在上司要去的情况下，完成了就行，如果要达到更苛刻的标准，纯看上司要求，或自身兴趣，无奈他们已然没了兴趣。

拆穿借口：熟练是伪装外衣，无危机感、无上升意识是本质。他们最大问题在于：能力仍停留在一两年前，没有所谓 3 年工作经验，错将重复性操作当作技能经验。

借口二：大厂加班过多导致缺乏个人思考时间。

一名有 4 年工作经验的产品经理，刚辞职，正在看机会，如今有份 A 厂的 offer 摆在他面前，leader 虽认可他的产品能力和业务理解能力，但仍在观望中，offer 还未给到他手中，深究原因，令人深思。

A 厂目前在布局大数据，需要大量大数据领域的产品人才，然而，这位候选人从未有过大数据的职场经验。该候选人表示：首先，这与他之前做的工作有太大出入，其次，他虽然有 4 年产品经验，但大厂通常爱加班，导致他几乎没有个人时间，从而渐渐失去了解新领域、新技术的精力和兴趣，对于大数据崛起也只是略有耳闻。

认为加班使得个人成长停滞不前的人不止他一个人，骇人听闻的"996"、周末轮班工作等制度，会让他们和精力过多被消耗，对待工作稍显应付，回到家中也无暇思考。

拆穿借口：不关注外界信息和加班多无必然联系。问题在于，他们自身成长速度完全取决于其工作内容的强度和难度，当工龄久了，工作只有加班强度，没有技术难度，成长便会停滞。

借口三：精力过于分散，无法集中精力做编程。

某 F 轮后 O2O 大厂的产品经理候选人，正在准备寻求新机会，问他为何选择离开前景大好的公司时，他和我描述了两个原因。

第一，该公司盈利重点处在转型期，餐饮、金融、物流都打算发力，战略转型使得各部门资源都不足，打法显得混乱，甚至有争夺资源产生内耗的现象。身为 leader 的他，渐渐感觉精力被过度消耗。

第二，新任领导的管理风格让他不满，作为中间层的管理，大部分时间和精力都浪费在了和上下级的沟通中，至于产品能力，很早以前就处于停滞不前的状态了。

不止他一人有以上烦恼，有 3 年工作经验的产品经理，不会再只做基础工作，还会有更多复杂的事情，例如所谓"无谓的沟通"，精力难以集中。如果遇上公司转型期或动荡期，更会分身乏力，导致无论是在主动学习还是钻研技术上，都失去热情。

拆穿借口：不需要沟通的产品经理根本不存在，合理利用精力用于沟通，是用技术解决问题的快捷方式之一。

以上三种"大厂通病"，的确是多数 3 年工作经验大厂程序员的真实写照。撕下借口的伪装，从逼迫自己改变开始，才是正解。

如何解决"大厂通病"所带来的技术瓶颈？

扔掉借口从改变环境做起，跳槽或转岗？无论怎么选，都是逼迫自己改变的开始，陷在悖论中倒不如去打破僵局，打破的方法，我从以下两点来讨论。

● **熟练工？加班多？是你太舒适了**

我近期重点跟进了一名产品经理，他 6 年工作经验、跳槽前年薪 64 万、持 15 万股票，纵观他的职业发展路径，除去第一家公司，后三家公司皆为大厂，他在 3 年工作经验时，未遇见所谓的"大厂通病"，更没有技术瓶颈。

对 3 年工作经验的产品经理来说，他现在的工作并不轻松。他在接受我采访时表明，他会先注重个人的输入，每日阅读书籍两小时，每周都研究用户需求。此外，他更看重他的有效工作，即具有创造性的输出，他认为重复性的工作不会带来实质性成长。

在他发现开始做大量重复性工作、无法通过工作内容上升技术时，他选择了跳槽。

跳槽后，他去了一家更大型的公司，但是依旧是原来的领域，他认为那是他"创造性输出"的最好时机，最终，他完成了从跨界到专精。

通过他的案例，能够察觉：实践始终是源于理论又高于理论的，不难发现，所谓"熟练工""加班多"仅是个人借口，要做的，是远离舒适区，逼迫自己成长。

因此，请发挥主观能动性，做出改变。我给出以下两点建议。

1）多次检阅基础知识，将有效技能掌握牢固，把各类基础知识串联成完整体系。

2）当你觉得自己了不起时，多认真想一想用户为什么会对你的产品有所报怨，真的是你"教育"不好他们吗？还是你的产品的确体验很差？

如果你缺乏自制力，再考虑换个环境。回想你为何初入职场时能快速提升：因为新手期的你确实在技术上缺乏太多，所以愿意在工作中快速学习。同理，当你转岗或跳槽后，会面临新的挑战，从而逼迫自身成长。

- **精力被分散？你得先弄清楚产品经理究竟是干嘛的**

产品经理是用来解决问题的。很多大厂产品经理都认为唯有打磨产品才是实力的体现，这是很大的误区。当你不懂与同事沟通、不懂如何推进工作，你磨练的技术也解决不了问题。

专业技能只占到工作能力的 40%。客观分析自己劣势所在，会发现有时并不是外界分散了你的精力，导致无法专心技术，而是自身根本没有理解技术和工作的关系。

首先，从主观上解决沟通所带来的精力分散问题。

- **时间管理**

沟通是有技巧的，学会分配沟通时间，无论是与上司、同事、下属还是用户，都在沟通前预约好沟通时间，在不是真正紧急的情况下，他人打断你的工作思路，你可以合理表示拒绝，选择预约其他时间交流。

- **表达清楚更重要**

需求文档写出来是给人看的，附带能让程序员写出来的代码可以在机器上运行。无论是文档还是代码其实都是书面沟通的另一种表现方式。当专业能力成长到一定程度，多数人都会遇到无法增长的天花板区域，决定初级产品经理和优秀产品经理的关键点，不是他们的专业能力，而是表达清楚想法，让他人协助自己高质量完成工作内容，通过思路完整的需求文档，让其他程序员能读懂，通过逻辑清晰的沟通，让产品、设计也能够接受，不必让工作重新再来一遍。

附赠一句卡耐基的名言：一个人的成功，约有 15% 取决于知识和技能，85%取决于沟通——发表自己意见的能力和激发他人热忱的能力。

其次，如果完全是外界的原因，你的选择应当是：换环境。

当公司不能让你的能力提升时，离开是好的选择，优秀的公司自然会让员工也随之提升，实现个人价值，才会进一步实现共同价值。

换环境无非是转岗或者跳槽。如果你在公司内部转岗，会给你带来技术广度，在工作中主动吸收新技能的知识。选择跳槽则有两个可能性：其一，换领域，依旧是增加广度。其二，同一领域，增强工作压力，这是增加深度的体现。

我给出一点建议：同一领域下的深耕经营，会有更远发展，即便是细分领域，也不会影响你在技术上的知识广度。

要知道，你的大厂通病，并不能为你的梦想带来如何实质性的变化，它可能会让你陷入无效努力，最终还是失败。

若将"人生最悲哀的事情"做个排行，"努力后却依旧失败"大概会排在前列。

这个时代，稍微有些进取心的人都有危机感，他们望着满屏幕的成功人士案例，心神不宁，生怕自己落后，成为自己年少时最讨厌的那类人。

更痛苦的在于，你根本找不到任何人能给你解答，关于"一直努力的你，会不会最终还是很平庸？"，哪怕是这颗星球最成功的那些人，都没有办法拍着胸脯给你打包票说：年轻人，手握宝剑前行吧，你一定会成功！

危机感严重时，最令人不安的莫过于找不到答案。

两年前，我参加了几个产品经理的线下活动，认识了一些朋友，其中，Allen 和阿宁成为我后来的死党，两年过去，他们人生走向了截然不同的道路，一对比，天壤之别。

要知道，他们曾经明明站在相同的起跑线前，拥有相近的资源、实力和资历，静下心来想想，让人唏嘘不已。

Allen 目前开设了个人工作室，准备创业，据说很快便能拿到 A 轮融资，用他的话来说就是：“我早已经实现财务自由了，现在，我只想着做点喜欢的事情。”

另一个哥们阿宁不能说混得不好，他如今工资加外快，月收入 2.5 万，在上海算得上不错，称他为职场精英不过分，只是和 Allen 比起来，实在是差得太远。

这两年到底发生了什么，居然让他们有如此大的悬殊。

想起刚认识时，我们三个一块儿吃路边摊的光景，再看看 Allen 现在，买了新车，交了首付，明年结婚，说不好奇和羡慕，肯定是假的。

阿宁是个好命的人，他追求随遇而安的生活，当我将“你努力到最后，还是很平庸怎么办”这个问题抛给他时，他摆摆手，笑道：“平庸就平庸罢，大厂危机就大厂危机罢，没什么的，我是个没多大志向的人，当个还不错公司的产品经理，如今的生活平静美满，我很知足了。”

Allen 不会这么想，他始终活在危机感中。

有天晚上，Allen 有空，我约了他喝酒。

Allen 早些年总瞧不起在社会上混得风生水起的老同学们，Allen 总念叨，大学时那些老同学们明明是学渣啊，凭什么现在个个都比他强？

Allen 很慌张，问自己：是不是我不够努力？

答案是：很努力。

Allen 又问了自己第二个问题：会不会一辈子就这样，怎么努力都是个 loser ？

第二个问题始终在他脑海中不断盘旋，他做不到像阿宁那样，接受自己是个平庸的人。

酒快喝完时，Allen 红着眼说"直到现在，我也不能给你这个问题准确答案，但是我知道，也许人在努力后还会过得平庸，可有句烂俗的话也说得对啊，人不努力，肯定一辈子平庸！"

说实话，Allen 是非常努力的人，他复读两次才考上大学，不是前两次没考上本科，而是他一定要读上"985"。进入大学后，他知道一切来之不易，4 年时间都在拼命学习，拿了 4 年奖学金。

记得刚认识时，他还自嘲道：我曾以为我读了这么多年书，一定是个大牛，没想到到头来，我还只是个 loser ！

酒喝完了，他带着几分醉意，说："人一定要努力的，但还有一点很关键，选对方向。"

我心里咯噔一下，这句话说中我心坎了。

最近几年来的生活，让我慢慢变得和以前不一样，我的努力程度只能说是正常，算得上竭尽全力，却也没有到背水一战的地步。如今之所以过得还算不错，说到底，还是我选对了方向。

每当回想我这两年的经历时，我都会感叹：期间的几次重要决定，都冒着极大风险。很幸运，我虽走了些弯路，但还是走向了正确的道路。学会选择很重要，并不是仅仅依靠努力，便能让我过上喜欢的生活的。

一着不慎，满盘皆输，说得便是这个道理。

回想 Allen 和我的经历，我想这个问题有了个开放式答案：

没有人会告诉你努力到底能不能让你摆脱平庸，而是你没有别的选择，你只能用努力，让自己平庸的可能性降低，而这期间，还少不了你正确的选择。

即便真的成为平庸的人，你也至少不会后悔。起码，你能像阿宁一样，做一个知足常乐的人，有时候，幸福或许比不平凡来得更重要。

不过，"大厂通病"，的确会阻碍你去完成这场"从跨界到专精，T 型产品经理"的自我修炼，希望你好自为之。

"大厂通病"给产品经理所带来的技术瓶颈必然存在，但面对问题时，更多人是拿所谓"通病"当挡箭牌，缺乏主观能动性。

如果做不到主动改变，那么，患了"大厂通病"的产品经理们，你该考虑考虑转岗或跳槽，逼迫自己成长，这也是一剂良药。

从跨界到专精，从新人到 T 型人才，这场产品经理的自我修炼，愿你已经完成。

写完这本书时，我恰好正在筹备我的第一家公司。

做一款自己的产品，跟帮助公司做一款产品，其实是两回事。在写作这本书时，我是站在市场角度去谈产品经理的职场规划。在完成这本书时，我刚刚完成一款完完全全打着自己烙印的产品 demo。

不同的身份，不同的视角，关于对产品的理解，也是完全不同的。

其实，究竟什么是产品，什么是产品思维，探讨到最后，都万变不离其宗：任何事情都可以是产品，任何让用户挑不出 Bug 并有高留存高活跃度的行为举措都是产品思维。

你的公众号是产品，你写的文章也是产品，甚至，你今天要穿一套怎样的衣服去一家怎样的公司，说怎样的话去面试，都是产品思维。

我不过多去讲解技能本身的事情，因为这本书是写给那些尚未成为产品经理或刚刚产品经理的人去看的，过多炫技，说那些玄而又玄的专有名词，并不能提升兴趣，反而会引发困惑。

那么，告诉你产品经理在干什么、在想什么，在资本狂热、资本寒冬时的真实经历，在离职、跳槽时的市场反馈是怎样的，或许才是对你最重要的。

这场自我修炼，对于产品经理而言，永远都只有起点，没有终点。

最后，请将自己也当作一款产品，你是你自己要花费最久时间去完善的作品，祝好！

![异步社区 人民邮电出版社 www.epubit.com.cn]

欢迎来到异步社区！

异步社区的来历

　　异步社区（www.epubit.com.cn）是人民邮电出版社旗下 IT 专业图书旗舰社区，于 2015 年 8 月上线运营。

　　异步社区依托于人民邮电出版社 20 余年的 IT 专业优质出版资源和编辑策划团队，打造传统出版与电子出版和自出版结合、纸质书与电子书结合、传统印刷与 POD 按需印刷结合的出版平台，提供最新技术资讯，为作者和读者打造交流互动的平台。

社区里都有什么？

购买图书

　　我们出版的图书涵盖主流 IT 技术，在编程语言、Web 技术、数据科学等领域有众多经典畅销图书。社区现已上线图书 1000 余种，电子书 400 多种，部分新书实现纸书、电子书同步出版。我们还会定期发布新书书讯。

下载资源

　　社区内提供随书附赠的资源，如书中的案例或程序源代码。

　　另外，社区还提供了大量的免费电子书，只要注册成为社区用户就可以免费下载。

与作译者互动

　　很多图书的作译者已经入驻社区，您可以关注他们，咨询技术问题；可以阅读不断更新的技术文章，听作译者和编辑畅聊好书背后有趣的故事；还可以参与社区的作者访谈栏目，向您关注的作者提出采访题目。

灵活优惠的购书

　　您可以方便地下单购买纸质图书或电子图书，纸质图书直接从人民邮电出版社书库发货，电子书提供多种阅读格式。

　　对于重磅新书，社区提供预售和新书首发服务，用户可以第一时间买到心仪的新书。

　　用户账户中的积分可以用于购书优惠。100 积分 =1 元，购买图书时，在 里填入可使用的积分数值，即可扣减相应金额。

特 别 优 惠

购买本书的读者专享异步社区购书优惠券。

使用方法：注册成为社区用户，在下单购书时输入 S4XC5. 使用优惠码，然后点击"使用优惠码"，即可在原折扣基础上享受全单9折优惠。（订单满39元即可使用，本优惠券只可使用一次）

纸电图书组合购买

社区独家提供纸质图书和电子书组合购买方式，价格优惠，一次购买，多种阅读选择。

社区里还可以做什么？

提交勘误

您可以在图书页面下方提交勘误，每条勘误被确认后可以获得 100 积分。热心勘误的读者还有机会参与书稿的审校和翻译工作。

写作

社区提供基于 Markdown 的写作环境，喜欢写作的您可以在此一试身手，在社区里分享您的技术心得和读书体会，更可以体验自出版的乐趣，轻松实现出版的梦想。

如果成为社区认证作译者，还可以享受异步社区提供的作者专享特色服务。

会议活动早知道

您可以掌握 IT 圈的技术会议资讯，更有机会免费获赠大会门票。

加入异步

扫描任意二维码都能找到我们：

| 异步社区 | 微信服务号 | 微信订阅号 | 官方微博 | QQ 群：436746675 |

社区网址：www.epubit.com.cn

投稿 & 咨询：contact@epubit.com.cn